D'une beauté trouble et mêlée : sur l'impureté de l'expérience esthétique

D'une beauté trouble et mêlée : sur l'impureté de l'expérience esthétique

Sous la direction de
Thomas Mercier-Bellevue et Thomas Morisset

MARIANNE MASSIN
ANNA MARIA SIENICKA
LISA JONES
STÉPHANE LLERES
PIERRE LEVEAU
FLEUR THAURY
LOUISE BOUVET
THEODORA DOMENECH

Directrice de publication : Marlène JOUAN

PISTES
REVUE DE PHILOSOPHIE CONTEMPORAINE
N° 5 – 2024

Institut de Philosophie de Grenoble

Université Grenoble Alpes,

Bat. ARSH 2, Domaine universitaire, 38040 Grenoble cedex 9

Imprimé en France

ISSN 2803-2829

ISBN 978-2-7116-8429-8

PISTES, REVUE DE PHILOSOPHIE CONTEMPORAINE 5 (2024)
190 p., ISBN : 978-2-7116-8429-8, p. 7-27, VRIN.

Introduction : des beautés impures aux beautés mêlées

Thomas Mercier-Bellevue et Thomas Morisset

BEAUTÉ ET TROUBLE MORAL

La préface à *Mademoiselle de Maupin*, rédigée par Théophile Gautier en 1834, est l'un de ces textes « trop célèbres et trop encadrés », à l'aune desquels on court le risque d'aborder la notion de beauté par « un discours convenu [...] et des concepts épuisés »[1]. Pourtant, sa charge polémique contre ceux qui voudraient soumettre la production artistique et l'expérience esthétique à des normes extérieures parle encore à notre temps, où les défenseurs d'une totale liberté de création s'opposent à ceux qui rappellent aux artistes l'impact moral et sociétal que peuvent avoir leurs actes et leurs œuvres. Offensif, le geste de Gautier relève surtout d'une volonté de *défendre* la spécificité du domaine esthétique contre sa potentielle dissolution dans le régime de l'utilité, celui-ci étant d'abord conçu sous son aspect moral. Les « vertueux » sont ainsi raillés pour leur farouche désir de *moraliser* l'art en distinguant ce qu'il convient de montrer ou de narrer (et à qui il convient de le montrer), selon une logique pédagogique du bon ou du mauvais exemple : un roman serait utile ou nuisible selon qu'il promeut ou condamne le vice. Ce n'est toutefois pas là le cœur du propos de

1. P. Tortonese, « À quoi cela sert-il ? La polémique contre l'utilitarisme dans la préface à *Mademoiselle de Maupin* », dans J.-L. Cabanès (dir.), *Romantismes, l'esthétisme en acte*, Nanterre, Presses Universitaires de Nanterre, 2009. En ligne : <http://books.openedition.org/pupo/1495>.

Gautier : les critiques pudibonds sont davantage brocardés pour leur incapacité à adopter sur les œuvres d'art un regard spécifiquement esthétique.

> S'il y a quelque nudité dans un tableau ou dans un livre, ils y vont droit comme le porc à la fange, et ne s'inquiètent pas des fleurs épanouies ni des beaux fruits dorés qui pendent de toutes parts[2].

La focalisation sur les propriétés morales des œuvres, qu'elles soient positivement ou négativement évaluées, se fait au détriment d'une attention à leurs propriétés esthétiques : ceux qui moralisent l'art ne savent pas voir la beauté autrement qu'avec des yeux concupiscents, et leur indignation n'est qu'une fonction de cette concupiscence. La considération de la nudité comme une faute morale (qui est déjà contestable en soi aux yeux de Gautier) vient masquer les véritables richesses de l'œuvre. Ce faisant, l'amoralisme de Gautier n'est pas un immoralisme, il s'agit davantage d'une indifférence morale qui prend la forme d'une indulgence à l'égard du vice; car après tout « le monde a passé l'âge où l'on peut jouer la modestie et la pudeur, et je le crois trop vieux barbon pour faire l'enfantin et le virginal sans se rendre ridicule ». Ce que défend la préface à *Mademoiselle de Maupin*, c'est donc non seulement un droit à l'impertinence morale, mais aussi et surtout une réforme du regard. Celle-ci opère comme une invitation à distinguer radicalement entre différents types de propriétés susceptibles d'être exemplifiées par les œuvres d'art : celles qui les rendent utiles ou morales et celles qui les rendent belles. En toute rigueur, la considération de l'utilité (pratique ou morale) d'un objet ou d'une œuvre ne doit pas intervenir dans la considération de sa beauté. Plus encore, l'utilité semble être une *entrave* à la beauté. « Rien de ce qui est beau n'est indispensable à la vie », et inversement

> il n'y a de vraiment beau que ce qui ne peut servir à rien ; tout ce qui est utile est laid, car c'est l'expression de quelque besoin, et ceux de l'homme sont ignobles et dégoûtants, comme sa pauvre et infirme nature. – L'endroit le plus utile d'une maison, ce sont les latrines[3].

Le beau et l'utile s'excluent réciproquement, comme l'art et la morale font mauvais ménage. Si Gautier exhorte les artistes de son temps

2. Th. Gautier, « Préface » [1835], dans *Mademoiselle de Maupin*, « Folio classique », Paris, Gallimard, 2013, p. 36.

3. *Ibid.*, p. 62.

à ne souscrire ni aux dogmes moralistes ni aux théories utilitaristes, il invite surtout les critiques à adopter une attention discriminante, à ne pas abandonner leurs jugements esthétiques à leurs préjugés moraux. Sur le plan esthétique comme sur le plan poïétique, la beauté s'éprouve à part des autres domaines de l'existence, qui ne doivent pas la contaminer par leurs exigences propres. L'esthétisme de Gautier annonce le modernisme[4] dans la mesure où il enveloppe un enjeu d'autonomie – à l'instar de la création artistique, la satisfaction liée à la beauté refuse d'être déterminée par les normes qui sont celles de la vie matérielle, quotidienne, bourgeoise. Même si le terme n'apparaît pas dans la préface à *Mademoiselle de Maupin*, l'exigence d'autonomie prend sous la plume de Gautier la forme d'une *purification* du jugement esthétique : l'hétéronomie de l'expérience esthétique (sa soumission à des normes autres qu'esthétiques) serait le signe d'une dégradation causée par son impureté.

Cette articulation place d'abord Théophile Gautier sous l'égide de la théorisation kantienne du jugement de goût[5]. En effet, il convient de remarquer que le concept de désintéressement a, sous la plume de Kant, une double fonction typologique et évaluative. Typologique au sens où il permet (tout du moins du point de vue de la qualité) de distinguer le jugement « c'est beau » des autres types de jugement (« c'est bon », « c'est utile », « c'est agréable »). Évaluative au sens où il permet de tracer une échelle hiérarchique distinguant des jugements de goût *purs* et *impurs*. Tout au long de l'« Analytique du Beau », Kant fait ainsi émerger plusieurs cas de jugements sur lesquels pèse un soupçon d'impureté : le palais apprécié pour son confort[6], le plaisir pris à la symétrie[7], le regard du botaniste sur les belles fleurs[8], etc. Mais c'est dans les paragraphes 13 et 14, consacrés au rôle de l'attrait et de l'émotion (tous deux définis comme des modalités de l'intérêt

4. Nous entendons ici ce terme dans la formulation qu'en a donné Clement Greenberg, notamment dans l'article « Modernist Painting » [1965], *in* F. Frascina et Ch. Harrison (eds.), *Modern Art and Modernism : A Critical Anthology*, New York, Harper & Row, 1982.

5. Paolo Tortonese indique que la théorie kantienne du désintéressement a heureusement coïncidé avec les exigences des romantiques français, davantage que ces derniers ne s'en sont directement inspirés. « À quoi cela sert-il? La polémique contre l'utilitarisme dans la préface à *Mademoiselle de Maupin* », art. cit.

6. E. Kant, *Critique de la faculté de juger* [1790], trad. fr. A. Renaut, Paris, GF-Flammarion, 1995, § 2, p. 182-183.

7. *Ibid.*, « Remarque générale sur la première section de l'analytique », p. 221-223.

8. *Ibid.*, § 16, p. 208.

pris au plaisir, et donc rangés sous la catégorie de l'agrément) dans la beauté, que l'injonction à la pureté est formulée le plus fermement :

> Un jugement de goût n'est donc pur que pour autant qu'aucune satisfaction uniquement empirique ne vient se mêler à son principe déterminant. Or, c'est là ce qui se produit toutes les fois qu'attrait ou émotion ont part au jugement par lequel quelque chose doit être déclaré beau[9].

Là encore, l'enjeu est celui d'une certaine orientation du regard : la pureté du jugement s'obtient au prix d'une focalisation *exclusive* de l'attention sur l'objet en tant qu'il est donné dans la représentation, au détriment des propriétés qui le caractérisent en tant qu'il existe et est susceptible de susciter l'intérêt (ici, la préférence particulière et l'attirance que nous pouvons avoir pour une simple couleur, par exemple). Si l'attention se porte sur l'existence de l'objet et non plus exclusivement sur sa représentation, le jugement est impur et la beauté est en péril ; elle bascule dans l'agrément car « les attraits nuisent au jugement de goût, s'ils attirent l'attention sur eux, comme principes d'appréciation de la beauté »[10].

Or, du point de vue moral, le péril n'est pas tout à fait symétrique et c'est sans doute là que Gautier quitte cette égide kantienne. Si le jugement qui se laisse guider par les attraits est irrémédiablement « barbare », en ce qu'il se réduit à un jugement sur l'agréable qui est déjà présent chez l'animal[11], le jugement prenant en compte la « finalité objective » de l'objet (« soit la finalité externe, c'est-à-dire *l'utilité*, soit la finalité interne, c'est-à-dire la *perfection* de l'objet »[12]) est un jugement certes impur, mais qui garde une certaine validité. Là où le beau ne correspond à aucun concept parce qu'il provient d'un jeu entièrement libre des facultés, dans le jugement appliqué, ce jeu va être limité par un concept de ce qu'est ou de ce à quoi sert l'objet : ainsi le bâtiment que nous trouvons beau de loin pour son exubérance, nous déplaît lorsque nous nous rendons compte qu'il s'agit d'une église, car alors l'exubérance architecturale nous semble exprimer sensiblement quelque chose de contraire à ce qu'une église devrait être[13].

9. E. Kant, *Critique de la faculté de juger*, *op. cit.*, § 14, p. 202.
10. *Ibid.*, § 14, p. 204.
11. *Ibid.*, § 5, p. 188.
12. *Ibid.*, § 15, p. 205.
13. *Ibid.*, § 16, p. 209.

Or, par de tels jugements, surtout lorsqu'ils ne sont pas discordants comme dans l'exemple utilisé ci-dessus, il est pourtant gagné quelque chose et il nous faut citer ici longuement le paragraphe 16 :

> Assurément, à travers cette association qui ainsi s'opère de la satisfaction esthétique et de la satisfaction intellectuelle, le goût obtient cet avantage qu'il est fixé et, même s'il n'est certes pas universel, on peut en tout cas lui prescrire des règles relativement à certains objets dont les fins sont déterminées. Cela dit, ces règles ne constituent pas pour autant, en même temps, des règles du goût, mais ce sont simplement des règles portant sur l'accord du goût avec la raison, c'est-à-dire du beau avec le bien, grâce à quoi le beau devient utilisable comme instrument au service de l'intention qui vise le bien […]. À proprement parler, cela dit, ni la perfection ne gagne quoi que ce soit grâce à la beauté, ni la beauté grâce à la perfection ; mais dans la mesure où il est inévitable, quand nous comparons à travers un concept la représentation par laquelle un objet nous est donné avec l'objet (du point de vue de ce qu'il doit être), de rapprocher en même temps cette représentation de la sensation présente dans le sujet, la faculté représentative y gagne comme *pouvoir global* si ces deux états d'esprit s'accordent[14].

Ce qui est gagné dans ce passage, c'est que le jugement de goût appliqué n'est pas, comme le jugement confondant attrait et beau, un jugement dévoyé, mais un jugement par lequel se réalise l'accord du beau et du bien. La beauté adhérente garde sa pureté dans la mesure où tout jugement appliqué est le fruit d'une double opération : le jugement de goût grâce au jeu des facultés et la limitation de ce jeu par un concept. De ce point de vue, la priorité donnée à la beauté libre se comprend avant tout sur le plan épistémologique : parce qu'il y a toujours un fond de pureté esthétique dans le jugement impur qu'est le jugement appliqué, cela empêche de dégager des lois universelles à son sujet et donc l'établissement d'une connaissance esthétique, en un sens baumgartenien. Mais elle peut plus difficilement être comprise comme une priorité esthétique, sauf à ne pas comprendre pourquoi les Beaux-arts doivent, « de près ou de loin », garder une certaine proximité avec les Idées morales[15].

Il est certes intéressant d'être désintéressé, mais il est sans doute,

14. *Ibid.*, § 16, p. 210.
15. *Ibid.*, § 52, p. 313.

pour Kant, plus intéressant encore que le désintéressement esthétique s'accorde avec un intérêt moral. Que l'accord du beau et du bien soit une bonne chose, et que le beau tende vers celui-ci, est ce qui est présupposé par cette idée d'un gain pour « la faculté représentative comme pouvoir global ». Cela se voit à la fois dans le choix par Kant du poème de Frédéric II pour illustrer ce qu'est une Idée esthétique [16], mais aussi par l'existence d'un « Idéal de beauté » pour la forme humaine, c'est-à-dire de l'idéal d'une forme exprimant parfaitement les qualités morales de l'humain. Or cet Idéal, qui n'est explicitement dégagé qu'au § 18, est déjà à l'œuvre dans cette double description qui vise à montrer la distinction entre la beauté et son adéquation au beau :

> [...] l'on pourrait embellir une figure avec toutes sortes de fioritures et de dessins légers, mais réguliers, comme le font les Néo-Zélandais avec leurs tatouages, dès lors qu'il ne s'agirait pas là d'un être humain ; et celui-ci pourrait avoir des traits beaucoup plus fins et des contours du visage plus plaisants et plus doux, pourvu que ce ne soit pas un homme [*einen Mann*] ou même un guerrier qu'il doive représenter [17].

Le tatouage maori ne peut être un accord entre le beau et le bien, car cela irait contre une certaine clarté du bien, qui n'a pas besoin d'attraits pour se signifier. Quant au second exemple, on pourrait croire qu'il a seulement trait à l'idée-norme de la beauté humaine, mais la douceur des traits est en même temps l'expression des valeurs genrées qui siéraient aux femmes ; un visage trop féminin sur un homme ne pourrait réaliser un accord entre le beau et le bien justement par le trouble dans le genre qu'il introduirait.

Or ce trouble, c'est précisément celui que met en scène Théophile Gautier dans *Mademoiselle de Maupin*, lorsque le chevalier d'Albert voit son idéal féminin s'incarner dans un homme, Théodore. Bien sûr, Théodore se révélera être une femme, mais une femme qui, par l'expérience du monde que lui a donné son travestissement, revendique son esprit masculin et surtout une perception masculine de la beauté – nous y reviendrons. Le roman fourmille de peintures d'êtres ou de situations présentées comme troublantes, et c'est alors dans la peinture de ces troubles et de ces jeux d'apparence que réside la beauté de ce roman.

16. E. Kant, *Critique de la faculté de juger*, *op. cit.*, § 49, p. 302.
17. *Ibid.*, § 16, p. 209.

Gautier actualise au fond une virtualité du texte kantien. En pensant l'accord du beau et du bien comme une règle générale, Kant ne semble envisager que deux cas de figure : l'accord entre le beau et le bien, vécu comme une concordance ou bien le désaccord, qui est alors vécu comme une discordance. La possibilité ici explorée est que l'accord du bien et du beau ne soit pas seulement une règle, mais qu'il soit lui-même une forme qui ouvre un espace de jeu où de nouvelles nuances de beauté se font jour : précisément celle du trouble devant la remise en cause des frontières que l'on croyait sûres. Mais peut-on encore parler de beauté ? Ce trouble qui transparaît dans le livre ne vient-il pas heurter le calme de la beauté, qui est à la fois celle du soir et de l'Idée de paix universelle dans le poème de Frédéric II cité par Kant ? Certes, mais il est ici permis de penser que l'aspect calme de cette beauté est une conséquence d'un goût au fond assez classique de Kant, et du projet politique des Lumières qui est le sien[18], et qu'il y a, comme le montre bien Robert Blanché, deux sens au terme de beauté : le sens descriptif qui correspond à un idéal classique de calme et d'harmonie, et un sens plus évaluatif, désignant une appréciation esthétique positive[19]. Au-delà d'une simple paresse de langage, il nous semble important de penser qu'il y a dans ce vocable large de « beau » l'indice d'une spécificité de l'expérience esthétique et que cette spécificité ne dédaigne pas le trouble, à la fois dans ses objets, mais aussi, peut-être, dans sa constitution même.

LA PURETÉ EST-ELLE À L'ORIGINE DU BEAU ?

Le couple notionnel trouble / pureté, qui constitue le fil conducteur de ce numéro, demande à être élucidé. Tout d'abord, le trouble est la plupart du temps défini négativement comme « ce qui manque de pureté », « ce qui manque de netteté », « ce qui n'est pas limpide »[20], etc. Il se définit donc toujours comme parasite par rapport à une matière première qu'il viendrait brouiller, opacifier. Plus encore, la

18. Sur cet aspect, voir les chapitres sur Kant dans J. Hess, *Reconstituting the Body Politic. Enlightenment, Public Culture and the Invention of Aesthetic Autonomy*, Detroit, MI, Wayne State University Press, 1999.

19. R. Blanché, *Des catégories esthétiques*, Paris, Vrin, 1979, p. 10.

20. Article « Trouble », *Centre National de Ressources Textuelles et Lexicales*, en ligne, https://www.cnrtl.fr/definition/trouble.

réalisation d'une opération peut être *troublée* par un élément extérieur qui viendrait l'interrompre en atténuant la concentration du sujet. Troublé, celui-ci n'est plus tout entier à son activité : l'événement turbulent continue d'occuper de manière résiduelle une partie de son attention. Dans cette dynamique de l'attention troublée, on retrouve la métaphore spatiale d'une pureté première parasitée par un matériau allogène demeurant en elle en suspension (la figure du « trouble-fête » est parlante : il introduit dans la fête quelque chose qui n'aurait pas dû s'y trouver, et qui en alourdit durablement l'atmosphère, même une fois l'importun écarté). Le trouble désigne donc à la fois le résultat (le liquide trouble est le liquide pur auquel un agent extérieur a été adjoint) et l'outil (il est l'agent adjoint qui vient salir le substrat). Cette définition négative présuppose plusieurs choses.

D'une part, par-delà le simple mélange, elle implique l'idée de *souillure* : le liquide trouble serait de moindre valeur que le liquide pur qui se trouverait dégradé par ce parasitage. D'autre part, elle engage l'idée d'*hétérogénéité* : une substance trouble est composée d'éléments distincts (un substrat et au moins un parasite) qui subsistent par-delà leur juxtaposition. Enfin, cela fait vivre l'espoir d'une *réversibilité* : si le trouble est second, s'il est adjoint, cela implique qu'il soit possible de revenir en amont du mélange par filtrage, tamisage, purification. Le champ lexical de la pureté met ainsi à distance la possibilité de considérer la valeur de l'alliage, du mélange ou tout simplement de la sauce qui *prend*, faisant advenir une substance nouvelle, irréductible à la somme des éléments qui la composent. L'adjonction d'une substance étrangère n'est pas pensée comme un gain, mais paradoxalement comme une privation, relativement à l'homogénéité et à l'originarité d'une matière première.

Cette structuration du champ notionnel de la pureté, tel qu'il est appliqué par l'esthétique romantique à l'expérience du beau, soulève plusieurs questions.

(1) Dans un premier temps, il est possible de poser la question du caractère originaire de la beauté pure : la pureté du regard contemplatif est-elle logiquement et chronologiquement première par rapport à des intérêts qui viendraient la troubler ? Au contraire, il est possible de penser, suivant en cela le jugement de Pâris, que le premier sentiment esthétique serait d'ordre intrinsèquement érotique,

et donc ni désintéressé ni pur. N'advient-il pas face à un être aimé ou désiré, face à un paysage accueillant ou un mets appétissant ? Conçue comme « promesse du bonheur »[21], la beauté peut-elle encore être définie comme indifférente à l'existence de l'objet et évaluée selon sa capacité à mettre l'intérêt à distance ? Le conflit entre les deux hommes d'Église mis en scène par Émile Zola dans *La Faute de l'abbé Mouret* illustre ce soupçon porté sur la beauté : à la contemplation censément désincarnée de Dieu s'oppose le culte marial, dans lequel le Frère Archangias voit « un commencement de passion humaine »[22]. Même sous les traits de la Vierge Marie, la beauté (et plus particulièrement la beauté féminine chez le très misogyne Archangias) est toujours déjà trouble en ce qu'elle charrie avec elle le germe de la tentation, elle est un appel au désir charnel. Au sein même de ce qui est censé (du point de vue de Serge Mouret qui s'efforce de mortifier sa corporéité et son humanité) être un sentiment pur par excellence, l'expérience du beau réintroduit, non pas par accident mais de par sa nature même, la logique intéressée de l'agrément sous la forme de l'érotisme. La critique nietzschéenne repose sur cette mise en doute de l'originarité de la pureté esthétique : la beauté serait, dans la nature comme dans l'âme humaine, ni plus ni moins qu'un prolongement du désir sexuel[23], désir que les théoriciens du ressentiment que sont Kant et Schopenhauer auraient cherché à maquiller de « mots »[24] en le débarrassant de son caractère somatique. Évidemment, ce soupçon ne doit pas nous amener à rabattre de manière simpliste le beau sur le désirable ; toutefois il nous invite à reconnaître que la pureté n'est pas première, mais dérivée d'un sentiment du beau toujours déjà mêlé.

(2) Ce doute sur l'originarité de la pureté fait à son tour et de manière plus fondamentale émerger un soupçon concernant son existence même : cette pureté obtenue par filtrage d'un mélange originaire n'est-elle pas un horizon inatteignable, un fantasme, voire le masque d'intérêts plus profonds, qui agiraient sans dire leur nom ? Qui

21. « La beauté n'est que la promesse du bonheur », Stendhal, *De l'Amour* (1822), t. 1, chap. XVII. Disponible sur WikiSource, en ligne : https://fr.wikisource.org/wiki/Stendhal_-_De_l%E2%80%99amour,_I,_1927,_%C3%A9d._Martineau/Chapitre_17.

22. É. Zola, *La Faute de l'abbé Mouret* [1875], éd. H. Mitterand, « Folio Classique », Paris, Gallimard, 1991, p. 117.

23. F. Nietzsche, *Le Crépuscule des idoles* [1888], dans *Œuvres philosophiques complètes*, trad. fr. J.-Cl. Hemery, Paris, Gallimard, 1995, § 22-23, p. 119-122.

24. *Ibid.*, § 19. « Le "beau en soi" n'est qu'un mot, pas même un concept. ».

est celui qui revendique sa capacité à mettre tout intérêt en suspens et à quoi aspire-t-il via une telle revendication ? Il serait possible de voir dans la « disposition esthétique »[25] une simple posture, une stratégie de distinction visant à imposer certaines normes perceptives comme légitimes au détriment d'autres. L'idéal d'une contemplation pure, détachée des scories de l'intérêt, relèverait alors d'une « idéologie charismatique »[26] (au sens étymologique du terme grec *kharisma* ; don, faveur divine) positionnant les habitudes culturelles des élites (le « goût pur ») comme autant de preuves d'une élévation morale, et donc de la distance qui les sépare du « "goût barbare" »[27]. Que ce regard qui se donne comme « dénégation du monde »[28] soit en réalité le véhicule de l'affirmation d'une supériorité sociale, cela n'en émousse-t-il pas la pureté ? Plus encore, cela ne fait-il pas de l'expérience esthétique une simple fiction, ou pour reprendre le terme de George Dickie, un « mythe »[29] ?

On pourrait, à s'en tenir là, se contenter de nier l'existence de toute expérience spécifiquement esthétique : en l'absence d'un geste de purification qui viendrait arracher le regard à sa focalisation pragmatique et érotique, le sentiment du beau n'en vient-il pas à se dissoudre dans la pluralité des autres satisfactions qu'offre l'existence ? Le beau ne serait-il alors que le masque de l'efficace ou du désirable ? La spécificité *esthétique* de cette expérience se trouverait alors réduite à néant.

Dans ses pages consacrées à ce qu'il nomme « l'"esthétique" populaire »[30], Bourdieu indique une voie de conciliation possible : l'esthétique populaire se distingue de l'esthétique savante en ce qu'elle est fondée sur « l'affirmation de la continuité de l'art et de la vie », c'est-à-dire sur « le refus du refus qui est au principe même de l'esthétique savante, c'est-à-dire la coupure tranchée entre les dispositions ordinaires et la disposition proprement esthétique »[31]. Les normes

25. P. Bourdieu, *La Distinction. Critique sociale du jugement*, Paris, Minuit, 1979, p. 29.

26. *Id.*

27. *Ibid.*, p. 31.

28. *Ibid.*, p. 18.

29. G. Dickie, « Le mythe de l'attitude esthétique » [1964], dans D. Lories (dir.), *Philosophie analytique et esthétique*, Paris, Meridiens Klincksieck, 2004.

30. On note l'usage quasi-systématique des guillemets d'ironie, par lesquels Bourdieu indique que l'expression est quasiment oxymorique.

31. *Ibid.*, p. 33.

en vigueur dans la vie ordinaire gardent ainsi leur pertinence dans l'appréciation des œuvres d'art, ce qui explique par exemple le goût pour le *happy end*, pour le réalisme figuratif ou pour l'immersion.

Toutefois, loin de n'être qu'un double du quotidien et des valeurs qui s'y trouvent en vigueur, l'esthétique populaire fait valoir des catégories d'appréciation qu'il est possible de qualifier de proprement esthétiques, et qui se signalent d'une part par leur *engagement*, d'autre part par leur *pluralité.* L'engagement ne désigne ici pas tant la prise de position politique que la possibilité d'une identification ou d'une participation : loin d'être arraché à sa subjectivité, le sujet de l'esthétique populaire s'investit pleinement dans l'objet de son expérience. Cette ressaisie subjective implique la pluralisation de l'appréciation esthétique. Là où l'idéal de pureté du sentiment esthétique tend à opérer un nivellement des objets de l'expérience (si les critères moraux, pratiques et érotiques n'ont pas cours dans l'appréciation esthétique, alors un cadavre ou un chou peuvent être aussi beaux qu'un paysage ou un corps nu ; seules comptent leurs qualités formelles), la réhabilitation d'une continuité entre l'art et la vie réintroduit la possibilité de critères pluriels, voire concurrents. Les entretiens menés par Bourdieu font ainsi état du fait qu'« une "esthétique" qui subordonne la forme et l'existence même de l'image à sa fonction est nécessairement pluraliste et conditionnelle »[32], faisant valoir la diversité des publics, des goûts, mais surtout des usages possibles. La « photo publicitaire » ne souscrira ainsi pas aux mêmes normes que le « document », la « photo de laboratoire » que ce qui est « bon pour Pigalle » ou au contraire « pour montrer aux gosses »[33]. Ce faisant, un même objet peut être dit beau en vertu de divers critères et dans le cadre de divers usages, ou l'être en fonction des uns mais pas des autres.

32. *Ibid.*, p. 43.
33. *Ibid.*

D'UNE BEAUTÉ TROUBLE ET MÊLÉE

C'est dans cette perspective d'une mise en continuité de l'appréciation esthétique et de la vie qu'il est possible de formuler les deux hypothèses dont la conciliation constitue l'objectif de ce numéro : l'épreuve de la beauté est essentiellement impure, mais elle ne se réduit pas pour autant à ses extérieurs. L'expérience esthétique est mêlée au sens d'une impureté constitutive[34], comme un fin maillage faisant intervenir la vie affective, pragmatique et cognitive. La possibilité d'une dépragmatisation totale de la perception semble ainsi être un cas limite davantage que le tout-venant de l'appréciation esthétique. De la même façon que nous avons montré le lien entre esthétique et morale et supposé l'originarité de l'expérience érotique par rapport à l'expérience esthétique, il est possible de refuser d'accorder une quelconque insularité à l'expérience esthétique, et de la penser dans un continuum par rapport à ses extérieurs. Toutefois, cet entremêlement ne doit pas faire conclure à une hétéronomie ou à une dissolution (voire à une inexistence) de l'expérience esthétique : nous postulons la spécificité irréductible d'une attention qui se porte sur le sensible. Si elle se mêle à l'attention éthique, érotique, pratique ou cognitive, elle s'en distingue néanmoins.

C'est ainsi que Gilbert Simondon forge le terme de « techno-esthétique »[35] pour désigner le plaisir sensible spécifique pris à la fréquentation des objets techniques. Ce plaisir « n'a pas pour catégorie principale la contemplation »[36] : il ne s'agit pas d'apprécier la beauté (réelle par ailleurs) des objets techniques comme on apprécierait la beauté d'une sculpture. Mais il ne s'agit pas non plus simplement d'une satisfaction liée à l'efficacité ou à la réussite technique ; il s'agit plutôt d'un plaisir sensori-moteur à la fois sensible et finalisé : « c'est dans l'usage, dans l'action, qu'il devient en quelque sorte orgasmique, moyen tactile et moteur de stimulation. »[37] La techno-esthétique se donne ainsi pour tâche de décrire les « gestes et conduites finalisées »[38]

34. M. Massin, *Expérience esthétique et art contemporain*, Rennes, Presses Universitaires de Rennes, 2013, p. 147.

35. G. Simondon, « Réflexions sur la techno-esthétique » [1982], dans *Sur la technique (1953-1983)*, Paris, Presses Universitaires de France, 2014, p. 379-395.

36. *Ibid.*, p. 383.

37. *Ibid.*

38. *Ibid.*, p. 392.

dans les termes d'un plaisir sensible autonome et non pas simplement dans les termes d'une réussite technique. Et lorsqu'il s'agit d'évoquer les « gammes sensorielles » auxquelles nous donnent accès certains outils, les gestes des artistes y tiennent une large part, parce que l'art aussi est l'objet « d'une certaine forme d'action qui est un peu comme la pratique d'un sport pour celui qui les [les outils comme un pinceau] emploie »[39]. Cette parenté avec le sport permet alors de penser que cette requalification esthétique d'un plaisir sensible finalisé trouve sa pertinence non seulement dans l'exercice d'un *beau* geste, mais également lorsqu'on assiste à un geste technique réussi, en percevant cette qualité finalisée depuis l'extérieur.

Ainsi l'amateur de football appréciera-t-il esthétiquement le geste spectaculaire (une roulette, un coup du sombrero, une frappe enroulée) à condition que ce geste soit efficient : rien n'est plus ridicule qu'une prouesse réalisée dans le vide (ou alors on sort du domaine de la compétition sportive pour entrer, avec la pratique des jongles, dans celui de l'acrobatie). Inversement, le geste besogneux se colore de qualités esthétiques lorsqu'il est efficace (ainsi une faute faite au moment opportun ou un habile écrasement du rythme), et ce surtout lorsque le spectateur est engagé affectivement par le résultat de cette efficacité – lorsqu'il passe du statut de spectateur à celui de *supporter*. Si on peut regretter la médiocrité du spectacle même lorsque les résultats sont au rendez-vous, il ne faut pas pour autant conclure à une indépendance de l'appréciation technique et de l'appréciation esthétique : loin de ramener à un regard froidement calculateur qui rendrait insensible aux qualités esthétiques du jeu, l'engagement partisan vient nourrir l'appréciation esthétique, esthétiser l'approche de la partie, y déceler des qualités esthétiques que l'indifférence aurait laissées dans l'ombre. Accepter de reconnaître cet entremêlement du technique et de l'esthétique implique de subvertir la distinction kantienne entre ce qui plaît relativement à un concept (l'utile, le bon) et ce qui relève de la manière dont « le sujet s'éprouve lui-même tel qu'il est affecté par la représentation »[40] : le jugement d'appréciation sensible technique[41] mobilise une appréciation spécifiquement

39. *Ibid.*, p. 384.

40. E. Kant, *Critique de la faculté de juger*, *op. cit.*, § 1, p. 182.

41. Th. Morisset, *Du beau jeu. Esthétique, technique et jeux vidéo*, Rennes, Presses Universitaires de Rennes, 2024, p. 185 *sq.*

sensible et unifiée au sein d'un geste finalisé et non une double opération (jeu libre puis limitation de ce jeu par un intérêt) comme l'est le jugement sur la beauté adhérente.

La mise en lumière d'une continuité entre le sentiment du beau et la vie invite à reconsidérer la place de la subjectivité, mise à distance par certaines théories du goût. Chez Hume, par exemple, le bon juge est celui qui sait s'abstraire de son temps, de ses préjugés pour contempler une œuvre d'un point de vue universel[42]. Cette posture ne correspond pas à un abandon total de la complexion personnelle : cette complexion est au contraire ce qui permet de comprendre la diversité des jugements de goût comme autant de préférences « innocentes » – mais des préférences qui ne remettent pas en cause l'établissement d'un canon dont chacun doit être capable de convenir et de percevoir le génie, car un jugement de préférence ne fait état que de l'intensité de telle ou telle œuvre pour soi. Sans retomber dans un arbitraire pur du goût, où il n'y aurait alors pas plus de sens culturel à discuter d'un tableau que du goût de la cannelle, penser l'impureté de l'expérience esthétique consiste à voir la complexion personnelle et sociale, non comme des défauts venant troubler la clarté des jugements ou comme les sources de variations innocentes et accidentelles, mais comme une situation donnant accès à des facettes particulières de l'expérience esthétique. L'enjeu reste bien celui de la communicabilité universelle car c'est précisément l'ouverture à une telle communicabilité de certaines parts de nos expériences, jusqu'ici inaperçues ou refoulées, car jugées trop intimes, qui se joue ici.

Dans un premier temps, s'interroger sur l'impureté de l'expérience esthétique implique de déterminer la place du corps dans l'épreuve du beau. Si le modèle de la contemplation fait de l'expérience esthétique une négation du corps, la réhabilitation de l'érotique et de la technique doit nous amener à une reconsidération de son rôle, tant comme sujet que comme objet de l'expérience esthétique. Assumer l'impureté constitutive de l'expérience esthétique implique ainsi de rappeler que le spectateur n'est pas qu'un œil ou une oreille, mais qu'il aborde les œuvres d'art depuis le sein même d'une subjectivité incarnée. Cela

42. D. Hume, « On the Standard of Taste » [1760], trad. fr. M. Malherbe, « Sur la norme du goût », in *Essais sur l'art et le goût*, Paris, Vrin, 2010, p. 104-107.

mérite d'être soulevé même lorsqu'on évoque des arts qui semblent *a priori* appeler une attitude esthétique d'ordre contemplatif : lorsque nous regardons de la peinture de chevalet dans un musée ou écoutons de la musique savante dans un concert, le corps peut tout d'abord se rappeler à nous au moins négativement, comme un trouble au sens négatif du terme, une indésirable médiation qui fait obstacle à la bonne appréhension des œuvres : ainsi une audition déficiente ou un dos douloureux. Il convient également de prendre en considération les pratiques artistiques qui engagent le corps comme une partie essentielle de l'expérience esthétique qu'elles entendent susciter. Ainsi par exemple les installations, qui se donnent non pas comme œuvres à voir mais comme espaces à parcourir[43], comme possibilités de déambulation ou d'exploration mettant parfois le corps du spectateur à contribution (on pense à la sculpture participative *Zero to Infinity* de Rasheed Araeen[44], qui propose de déplacer des structures de bois de manière à reconfigurer la sculpture à l'infini), voire à rude épreuve (l'installation *Acquaalta* de Céleste Boursier-Mougenot invite les visiteurs à faire un tour de barque dans la grande salle de Palais de Tokyo, transformée pour l'occasion en canal. La difficulté à manœuvrer les embarcations, doublée par une saturation perceptive due à la diffusion de sons et d'images indéterminés dans l'espace, rend l'expérience passablement éprouvante[45]). Cette appréciation somatique des œuvres est évidemment portée à son paroxysme par les musiques populaires pour lesquelles le corps du danseur ou du fan incarne une expérience esthétique qui refuse de ne se jouer que dans le plaisir « pris à la représentation »[46]. Richard Shusterman souligne ainsi que « la réponse esthétique énergique et musculaire au rock'n'roll met en lumière la passivité fondamentale qui sous-tend notre appréciation établie du grand art, passivité exprimée à travers le thème esthétique traditionnel du désintéressement »[47].

43. Sur la spécificité de l'expérience de l'installation, voir M. Cappe, *La question de l'œuvre à l'épreuve des installations artistiques. De l'étendue à l'unité*, thèse de doctorat en philosophie, Sorbonne Université, dir. Marianne Massin, 2024.

44. R. Araeen, *Zero to Infinity*, 1968-2007, bois peint, œuvre présentée à la *Tate Modern* (Londres) du 22 juillet au 28 août 2023.

45. C. Boursier-Mougenot, Céleste, *Acquaalta*, Palais de Tokyo (Paris), du 24 juin au 13 septembre 2015. Commissariat par Daria de Beauvais.

46. E. Kant, *Critique de la faculté de juger*, *op. cit.*, p. 182.

47. R. Shusterman, *L'art à l'état vif* [1991], trad. fr. Ch. Noille, Paris, Minuit, 1992, p. 158.

La présence du corps comme source d'un trouble de l'expérience esthétique constitue le point de départ de ce numéro et ce sous deux aspects : l'expérience trouble rappelle le spectateur à son corps autant que le spectacle des corps d'autrui vient subvertir le modèle de la désincarnation de l'expérience. C'est ainsi que Marianne Massin consacre son article à certaines tendances contemporaines dans l'art du cirque, y mettant en avant la diversité des niveaux d'impureté qui se font jour, à partir de, mais sans se limiter à, la double mise en jeu des corps dans le cirque : l'appréciation de « l'effort physique engagé devant nous » par les artistes de cirque sollicite le corps du spectateur (que l'on pense au frisson qui nous parcourt juste avant une prouesse effectuée à trois mètres du sol), d'une manière qui échappe à ce qu'est traditionnellement l'esthétique, sans détruire, bien au contraire, la possibilité même d'une expérience esthétique.

La question du corps et de ses réactions devient plus centrale encore dans l'article d'Anna Maria Sienicka consacré aux *freak shows*, qui nous présentent un spectacle doublement trouble. Le *freak show* n'est en effet pas qu'un art du choc et de la sensation forte, mais par l'importance du boniment en son sein, il instaure une « tension entre factualité et fiction » qui joue sur une frontière entre le désintéressement et l'impossibilité de son maintien. Or, cette tension est centrale dans une autre forme d'art, elle aussi issue des foires : le catch.

C'est à l'étude de cette forme très particulière de théâtre sportif qu'est consacré l'article de Lisa Jones, paru initialement dans le *Journal of the Philosophy of Sport*, et dont nous proposons ici une traduction en français [48]. Le catch se tient en effet à un véritable carrefour théorique pour notre propos : en plus de proposer une structure fictionnelle liée à une performance athlétique, il se trouve également être une forme d'art populaire, largement sériel et télévisuel, en plus d'être une forme de spectacle *live*, qui appelle, même lorsque l'on est seul face à son écran, une forme collective d'appréciation sensible.

L'enjeu est ici de penser une impureté essentielle de l'expérience esthétique comme situation, non plus à partir de l'idiosyncrasie corporelle, mais à partir de relations à d'autres que nous qui ne sont

48. La référence originale est L. Jones, « All Caught up in the Kayfabe : Understanding and Appreciating Pro-Wrestling », *Journal of the Philosophy of Sport* 46/2, p. 276-291, https://doi.org/10.1080/00948705.2019.1613410.

pas entièrement neutralisées dans l'expérience esthétique. Contre un certain mythe de l'insularité de l'expérience esthétique, il convient d'en penser l'essentiel conditionnement intersubjectif. L'article de Stéphane Llerès vient ainsi souligner comment, dans le cas des séries, l'expérience esthétique même de celles-ci, loin de la salle de cinéma comme lieu séparé et plongé dans le noir, est dans une négociation permanente avec les conditions quotidiennes de notre foyer, négociation non pas malheureuse, mais qui crée des résonances, plus ou moins troublantes, avec le propos de la série regardée. Or cette expérience ne saurait être une expérience isolée. Elle inclut les autres, que ce soit à titre d'horizons (car l'on sent bien que cette expérience de la série du soir est partagée par d'autres foyers, certes de manière asynchrone) ou bien, de manière bien plus actuelle, elle inclut les autres membres du foyer, qui ne sont pas qu'une paire d'yeux rivés sur l'écran, mais une voix qui commente, un bras qui enlace ou des larmes coulant à flots. En quoi, si cela est possible, ces manifestations affectives participent-elles à l'expérience esthétique autrement que comme des parasites ?

Dans l'article qu'il propose dans ce numéro, Pierre Leveau souligne ainsi à quel point le statut singulier de *La Joconde* médiatise l'expérience que nous en faisons : nous ne la voyons qu'obstruée par les smartphones tendus vers elle, noyée dans une foule de touristes à qui elle semble renvoyer un sourire espiègle. Certes contingente, cette situation est si intimement liée au statut de *superstar* indissociable de l'œuvre de Vinci qu'elle en devient presque constitutive de l'expérience qu'on peut en faire. Ce dispositif de monstration du tableau nous invite à tout le moins à interroger l'espace occupé par notre corps lorsque nous abordons les œuvres.

Ce collectif de l'expérience esthétique ne concerne pas forcément que des vivants. L'article que propose Fleur Thaury s'intéresse aux cimetières et plus précisément à la façon dont, par l'action conjuguée des imaginaires kitsch et de la ruine, la part impure de ce qu'est la mort apparaît. Car, si nous avons collectivement choisi de ne pas suivre à la lettre le mot d'Héraclite pour qui les cadavres étaient à jeter autant que les excréments, néanmoins il faut bien mettre les morts quelque part et les faire, en partie, disparaître. L'expérience esthétique du cimetière n'est ni une simple promenade architecturale ni bien sûr une séance spirite. Si le cimetière n'est ni un parc ni un charnier, c'est qu'il procède par une monstration en filigrane médiée par un ensemble de stéréotypes. Ce dispositif, paradoxalement, rend disponible à l'expérience ce qui avait vocation à demeurer dissimulé.

Or, cette propriété des expériences esthétiques à faire sentir quelque chose, et son pendant, celui de cacher sous la beauté quelque chose, sont des enjeux centraux pour penser la place de la question morale en art qui fait retour plus que jamais ces dernières années. Le concept de trouble révèle peut-être les écueils inhérents aux débats concernant la normativité morale pesant sur l'art : car si sur le plan poïétique il semble peu souhaitable de moraliser l'art, sur le plan de la réception il semble inversement impossible de considérer les propriétés éthiques des œuvres d'art comme non pertinentes pour l'appréciation et l'évaluation des œuvres. Ces propriétés, et les réactions correspondantes (choc, rejet, indignation, mais aussi connivence, gratitude, compréhension) ont ainsi pu être considérées (en premier lieu par Gautier lui-même, mais ce discours a fait retour très récemment) comme un trouble au sens d'un obstacle, d'une interruption venant entraver le bon déroulement de l'expérience esthétique. Mais si comme nous le défendons, l'expérience esthétique est essentiellement trouble, alors il convient de refuser d'hypostasier des propriétés purement esthétiques qui seraient radicalement distinctes des propriétés éthiques. C'est ainsi que George Dickie propose de considérer d'une part que les propriétés éthiques sont, en tant qu'elles sont des propriétés d'une œuvre d'art, des propriétés esthétiques, et qu'il n'y a pas de sens à abstraire certaines propriétés d'une œuvre au profit d'un regard exclusif sur d'autres [49]. D'autre part, Dickie situe son argumentaire sur un plan que l'on pourrait qualifier de psychologique : l'indignation morale serait incompatible avec la mise à distance censée caractériser l'attitude esthétique. La théorie de la beauté pure, qui suppose un état mental spécifique, capable de faire abstraction de toute morale, est selon lui une fiction. Plus encore, une telle abstraction n'est pas souhaitable : s'extasier devant le geste précis d'un bourreau ou devant les couleurs chatoyantes d'une explosion nucléaire relève d'une mise à distance inacceptable. Suivre cet argumentaire impose de faire droit à un nouveau trouble, relatif aux jugements moraux, qui viendrait teinter l'expérience esthétique.

49. G. Dickie, « Le mythe de l'attitude esthétique », *art. cit.*, p. 130.

Revenons une dernière fois à *Mademoiselle de Maupin.* Dans une de ses lettres, le personnage éponyme, qui se fait passer pour Théodore de Sérannes, écrit la chose suivante : « mais, depuis que j'ai quitté les habits de mon sexe et que je vis avec les jeunes gens, il s'est développé en moi un sentiment inconnu : – le sentiment de beauté. »[50] Il se joue là une étrange économie du regard : les femmes sont belles, mais ne peuvent se voir véritablement elles-mêmes, et ne sont donc belles que comme objet d'un regard masculin, emprunt de désir. Certes, Mademoiselle de Maupin peut bien dire que son jugement est le plus sûr car, « [n'étant] plus une femme, mais [n'étant] pas encore homme », elle ne se laisse pas aveugler par de faux attraits et prend donc une « position désintéressée[51] ». Il n'empêche que la perception de la beauté reste du côté du masculin et que cette forme pure du désintéressement kantien semble bien être réservée à l'être extraordinaire qu'elle est.

Car si la beauté et l'attrait restent à distinguer, il y a bien une composante érotique dans la beauté telle qu'elle apparaît dans le roman de Gautier. Il en va ainsi lorsque Rosette découvre que le beau page Isnabel est en fait une jeune femme, après un accident de chasse, alors qu'elle « ouvrit sa chemise pour que sa poitrine pût jouer plus librement ». Si Rosette est effarée, la description du narrateur ne l'est point : « une gorge ronde, polie, ivoirine, pour parler comme les ronsardisants, délicieuse à voir, plus délicieuse à baiser[52] », description tout de même curieuse quand on se rappelle qu'il s'agit là de décrire quelqu'un d'inconscient qui vient possiblement de se blesser grièvement. Le regard féminin de Rosette ne compte pas – car pour décrire la beauté de cette poitrine, il faut un regard qui crée une connivence avec la part masculine (et hétérosexuelle) de son lectorat.

Il semble se jouer dans ce passage ce qui a été théorisé plus tard au cinéma comme du *male gaze* : ces moments où une caméra apparemment neutre porte un regard masculin sur les femmes[53]. Le concept de *gaze* est pour notre numéro intéressant au sens où sa vertu est justement de voir du trouble là où on n'en voyait pas en dénonçant un regard

50. Th. Gautier, *Mademoiselle de Maupin*, *op. cit.*, chap. XII, p. 391.

51. *Ibid.*, chap. XII, p. 392.

52. *Ibid.*, chap. VII, p. 242.

53. Sur la pertinence du concept de *gaze* en littérature, et son extension au-delà du seul *male gaze*, voir A. Fayolle, *Des femmes et du style. Pour un* feminist gaze, Paris, Divergences, 2023.

qui se croit pur, au sens de neutre, et qui est en fait ancré de manière subreptice dans un type d'expérience dominante. En apparence, le concept de *gaze* apparaît d'abord moins comme un concept esthétique que comme un concept éthique et politique, énonçant une règle sur l'accord entre le bien et le beau : on peut tout à fait reconnaître la beauté formelle d'un film usant du *male gaze*, tout en reconnaissant, à un niveau non-esthétique, son caractère problématique. Mais on peut aussi en faire une idée esthétique, en pensant que cette manière de voir agit sur la structure même de l'expérience esthétique et pourrait bloquer l'émergence d'autres formes de beauté.

C'est à l'examen de quelques pistes liées à ces questionnements que sont consacrés les deux derniers articles de ce numéro. D'abord, Louise Bouvet propose une stimulante plongée dans la pensée de la théoricienne américaine Teresa de Lauretis afin de penser « le cinéma féministe [comme] un cinéma de l'adresse trouble et double » et la complexe expérience de réception qui en résulte, qui revient à penser comme impur, non seulement l'expérience, mais bien le sujet même de l'expérience esthétique.

Enfin, Théodora Domenech, à travers la question du « désapprentissage », aborde frontalement la question de la naturalisation de certaines normes esthétiques, et notamment la manière que peut avoir un canon de se constituer comme strate, subrepticement invisible, de notre expérience. L'enjeu est alors de comprendre comment les questionnements critiques peuvent être intégrés à la structure même de l'expérience esthétique et non en constituer un simple extérieur normatif.

Nous espérons que ce dossier consacré au trouble éclairera modestement les questions les plus récentes – et parfois les plus brûlantes – concernant l'expérience esthétique, ses formes variées et les pratiques profondément humaines qu'elle engage. En guise de conclusion, les coordinateurs de ce numéro souhaitent formuler quelques remerciements sincères et chaleureux, qui manifestent le caractère fondamentalement collectif de toute recherche scientifique. Tout d'abord, au comité de rédaction de la revue *Pistes*, pour la confiance qui nous a été accordée, et plus particulièrement à Denis Perrin et Marlène Jouan pour leurs conseils et leurs encouragements.

Ensuite aux évaluateurs et évaluatrices qui nous ont fait profiter de leur expertise, de leur exigence et de leur bienveillance. Enfin et surtout aux auteurs et autrices, qui nous ont fait l'honneur de nous confier leurs textes et de participer à ce long processus éditorial. Nous présentons leurs réflexions profondes, inédites, et parfois troublantes avec une immense fierté et avec l'espoir que ce dossier ne soit que le début de longues et fructueuses collaborations.

PISTES, REVUE DE PHILOSOPHIE CONTEMPORAINE 5 (2024)
190 p., ISBN : 978-2-7116-8429-8, p. 29-46, VRIN.

« *Quel cirque !* »
Paradoxales impuretés dans le renouveau des pratiques circassiennes et ex-circassiennes

Marianne MASSIN

Sous l'expression triviale « quel cirque ! », qualifiant au sens figuré une pagaille désordonnée [1], on peut entendre « Quel cirque ? », titre d'une collection du Centre National des Arts du Cirque, laquelle souligne la difficulté de délimiter une essence [2]. En rassemblant ces deux acceptions et sources hétérogènes, nous voudrions attirer l'attention sur le trouble des définitions et catégories, engendré par de nouvelles pratiques dans ou hors des arts circassiens. Il paraît pertinent de s'y intéresser dans le cadre d'un numéro portant sur l'impureté de l'expérience esthétique, pour plusieurs raisons. D'abord, le cirque dans ses formes traditionnelles est composé de différentes disciplines et arts, *a minima* l'acrobatie, l'art du clown, de la jonglerie et de la magie, du dressage. Par ailleurs, il oscille entre sciure et élévation, divertissement populaire et art, prouesse sportive et élégance du numéro, rire et risque de mort. En outre, il mobilise des imaginaires pluriels du corps, du saltimbanque (qu'on songe à la *Strada* de Federico Fellini), voire des anges (qu'on songe aux *Ailes du désir*, de Wim Wenders). Non seulement on ne peut donc pas homogénéiser ou unifier trop vite « le » cirque (qui relève de la pluralité des « Arts

1. *Trésor de la Langue Française Informatisé*, *ATILF/CNRS*. Notice « cirque », disponible sur https://www.cnrtl.fr/definition/cirque.

2. Coédition CNAC/Actes Sud, avec le concours de la SACD. Présentation en ligne : https://cnac.fr/article/2003_Collection-Quel-cirque, consulté le 25 fév. 2023.

du Cirque »), mais sa réception est tissée de niveaux variés et participe d'un plaisir mêlé. Enfin, le renouveau du cirque, ou les échappées inventives des circassien.nes hors de leur discipline, perturbent à leur tour l'évidence des assignations et sollicitent d'autres niveaux encore de réception. En nous focalisant surtout sur ce renouveau, et sans prétendre à l'exhaustivité (ni les clowns ni le dressage ne seront abordés par exemple), nous examinerons dans les pages à venir quelques-unes des modalités de ce trouble, en analysant chaque fois ce qui le produit et le suscite, les effets esthétiques qu'il engendre, enfin la manière dont il incite à redéfinir ou préciser la pureté ou l'impureté d'un répertoire, d'un registre, d'un genre, d'une expérience esthétique.

À titre de préambule, précisons notre position et la problématique proposée, en clarifiant quatre points.

(1) Puisqu'il s'agit de penser des qualités d'expérience esthétique, nous nous ancrerons dans la description la plus fine possible de certains spectacles et de l'expérience qu'ils procurent, pour élaborer une réflexion sur ce qu'ils induisent chez le spectateur et la manière dont s'y inventent (ou non) des modalités d'impureté.

(2) Qu'entendre par impureté ? Selon le dictionnaire, elle désigne le « caractère de ce qui est impur, souillé, altéré par des éléments étrangers »[3]. On écartera ici l'idée de « souillure » et ses connotations religieuses et morales, pour conserver l'idée d'un mélange d'éléments hétérogènes qui brouille l'identification – ainsi du liquide troublé par des particules en suspension et rendu « impur » selon l'acception chimique du terme. Plutôt qu'une opposition tranchée, cette définition permet de penser une gradation du pur à l'impur. Dans la co-présence, la pureté de chaque élément peut être préservée ou restaurée (on filtre un liquide pour en éliminer les impuretés par exemple) ; l'hybridation ou le mélange, employés dans un sens faible, sont compatibles avec le maintien de l'hétérogène (un style ou une architecture hybride, un mélange incongru), alors qu'au sens fort, ils supposent la fusion en un nouvel élément (le mortier est un mélange de sable et de chaux ou de ciment, délayé avec de l'eau) ; l'altération indique le changement d'état d'un élément. Il importe de penser ces niveaux et de maintenir une tension entre pureté et impureté, aussi les pages à venir ne donneront-elles pas une définition unique de l'impureté que nous déclinerons au

3. *Trésor de la Langue Française Informatisé*, *ATILF/CNRS*. Notice « impureté », disponible sur https://www.cnrtl.fr/definition/impuret%C3%A9.

pluriel pour mettre en valeur différents gradients et modalités.

(3) Les impuretés examinées seront à la fois, ou tour à tour, celles du répertoire, du registre, de la pratique, celles du genre du spectacle lui-même, celles des expériences esthétiques qu'on en a, et nous prenons résolument le parti de maintenir l'intrication de la construction « poïétique » et de la dimension « esthétique », pour reprendre cette distinction duelle qu'on impute généralement à Valéry. Pourtant, sa pensée est plus complexe, il n'oppose pas terme à terme les deux pôles, mais opère une tripartition entre l'esthésique (étude des excitations et réactions sensorielles et sensibles), le poïétique (la production des œuvres, le *poïein*), et un troisième groupe où s'enchevêtrent les deux[4]. L'écrivain veut ainsi défendre « l'esthésique » contre une discipline philosophique (dite esthétique) qui, selon lui, la mépriserait alors que « tout le luxe de nos arts est puisé dans ses ressources infinies »[5].

(4) Cette proposition valéryenne sur l'esthétique a un double intérêt. Elle ravive d'abord l'étymologie du mot (du grec *aisthetikos*, « qui a la faculté de sentir » et « qui est perceptible et sensible ») – on sait que le terme « Esthétique » lui-même n'est apparu qu'au milieu du XVIIIe siècle sous la plume de Baumgarten lorsqu'il s'attache à définir la spécificité d'une science de la connaissance sensible (*epistemê aisthêtikê*), qui relève donc des choses sensibles ou des faits de sensibilité (*aisthéta*)[6]. Ensuite, elle a le mérite de lier poïétique et esthésique, tout en soulignant qu'il est malaisé de les délimiter et qu'elles peuvent se mêler dans un troisième groupe. L'esthétique ainsi pensée est donc rarement « pure ». Dans ce sillage, et sans s'y limiter, cela incite à mettre en valeur d'autres qualités esthétiques que celles issues de la tradition philosophique, notamment kantienne, selon laquelle le jugement goût n'est pur (*rein*) que s'il est indépendant de l'attrait et de l'émotion, la satisfaction étant totalement désintéressée, ni liée à l'agréable, ni au bien, ni déterminée par un concept[7].

Ces préambules faits, rentrons dans l'analyse pour dégager quatre modalités d'impureté à partir des propositions artistiques

4. P. Valéry, *Discours sur l'Esthétique*, dans *Œuvres*, t. 1, éd. J. Hytier, Paris, Gallimard, 1957, p. 1310-1312.

5. *Ibid.*, p. 1311.

6. Le terme « esthétique » prend toute son extension en 1750 dans A. G. Baumgarten, *Aesthetica* [1750 et 1758, 2nd volume inachevé], *Esthétique précédée des Méditations philosophiques et de la Métaphysique*, trad. fr. J.-Y. Pranchère, Paris, L'Herne, 1988.

7. I. Kant, Livre 1 « Analytique du beau », dans *Critique de la faculté de juger*, trad. fr. A. Philonenko, Paris, Vrin, 1974, Ire partie, Ire section.

examinées, sans vouloir pour autant stabiliser ces différences toujours mouvantes et « en suspension ». Elles peuvent d'ailleurs s'entrecroiser ou se chevaucher, mais pour plus de clarté, nous distinguerons successivement l'impureté par hybridation des disciplines, l'altération par un matériau étranger, l'altération du medium et du registre, enfin l'épure dans l'impureté. Cela n'ira pas sans paradoxes, dont trois décisifs, d'une part parce qu'on peut douter que le cirque traditionnel soit lui-même « pur » (puisqu'il est pluri-disciplinaire), d'autre part parce que nous suggérons qu'une impureté apparente peut mener à une épure, enfin parce qu'il se pourrait que l'expérience esthétique « impure », au sens où elle paraît déroger aux attendus d'une certaine tradition, réactualise une part majeure de l'esthétique.

L'HYBRIDATION DES DISCIPLINES

Elle est à l'œuvre dans de multiples propositions contemporaines. Ainsi *La Chute des anges* de Raphaëlle Boitel[8] mêle-t-elle cirque, danse, musique (d'Arthur Bison) à un superbe travail de lumière (de Tristan Baudouin, aussi collaborateur artistique et scénographe). Dans des couleurs sombres et un univers qui pourrait être dystopique, les personnages évoluent prisonniers de faisceaux de lumière qui les isolent et les poursuivent; leurs corps sont engoncés, lestés par leur pesanteur, des mécanismes les soulèvent parfois et les déplacent. Au fil du spectacle, seuls ou à plusieurs, ils s'efforcent de s'en libérer et tentent alors de s'élever en figures multiples, jouant avec et contre un mât chinois mobile; ces anges déchus aspirent à une rédemption, mais chutent derechef, à l'exception *in fine* d'une acrobate qui semble s'affranchir de la pesanteur par son ascension. Dans un entretien, la créatrice, metteuse en scène, chorégraphe, et circassienne (elle a intégré en 1992 l'École Nationale du Cirque Fratellini) insiste sur sa volonté d'hybrider les arts :

> Au sein d'une écriture chorégraphique millimétrée où se mélangent danse, acro-danse, cirque, lumière et machinerie, nous avons particulièrement développé un système de mât chinois suspendu

8. R. Boitel, *La Chute des anges*, création 2018, reprises notamment au Théâtre du Rond-Point, Paris, 6-31 déc. 2022. Voir aussi le site de sa compagnie : https://www.cieloubliee.com/spectacles/la-chute-des-anges/, consulté le 8 déc. 2022.

mobile, ainsi que des systèmes de machinerie à contre-poids, qui ont permis de développer un vocabulaire acrobatique plusieurs mètres au-dessus de la scène[9].

Ce « mélange » des disciplines, ce renouvellement de l'outil (le mât chinois suspendu et mobile) engage donc une première acception d'une forme mineure d'impureté par hybridation, assumée et construite dès la conception du spectacle. Dans un tout autre contexte, cette acception prendrait le contrepied des exigences du critique Clement Greenberg. Dans un texte fameux, il en appelait à un retour aux frontières et différences des arts, selon le titre explicite de 1940, « Towards a Newer Laocoon », choisi en hommage au livre de Lessing[10].

> Grâce à […] cette notion de pureté inspirée de l'exemple de la musique, les arts d'avant-garde ont atteint ces cinquante dernières années, une pureté et une réduction radicale de leur champ d'activité uniques dans l'histoire de la culture. Voici donc les arts installés dans la sécurité de leurs frontières « légitimes » ; l'autarcie a remplacé le libre-échange. La pureté, pour les peintres, consiste à être conscient des limites spécifiques du medium de chaque discipline et à pleinement les accepter[11].

Greenberg faisait ainsi de la pureté un critère axiologique et la finalité interne de chaque art. Cette référence doit être utilisée avec réserves ici, le critique parlait des Beaux-Arts, le cirque n'en relève pas de plein droit et a toujours été fait de plusieurs disciplines. Néanmoins, elle aide à préciser notre propos. À l'encontre de sa position, la réussite esthétique de ce spectacle tient à certains passages où le mélange n'est plus simple cohabitation ou succession de moments plus théâtraux ou plus acrobatiques ; se crée alors une réelle hybridation où s'oublie l'assignation traditionnelle des rôles, où s'efface la succession des numéros, l'une et l'autre présentes dans le cirque traditionnel. À l'inverse, gagner en pureté (au sens de Greenberg) peut faire échouer

9. L'entretien est en ligne sur le web : https://dansercanalhistorique.fr/? q=content/raphaelle-boitel-au-theatre-national-de-nice-entretien, consulté le 8 déc. 2022.

10. G. E. Lessing, *Laocoon, ou Des frontières respectives de la peinture et de la poésie* [1766], trad. fr. F. Teinturier, Paris, Klincksieck, 2011.

11. C. Greenberg, « Vers un nouveau Laocoon », *Partisan Review*, VII, juillet-août 1940, dans Ch. Harrison et P. Wood (éd.), *Art en théorie. 1900-1990, Une anthologie* [1992], trad. fr. P. Wood et C. Harrison, Paris, Hazan, 1997, p. 618.

cette fragile réussite.

À preuve l'expérience faite, en visionnant après le spectacle et pour le prolonger, un extrait rejoué et filmé pour France 2[12]. Isolée pour être restituée séparément dans l'espace-temps de l'émission, la séquence est spectaculaire : on voit l'acrobate (Marie Tribouilloy) monter le long du mât pour en dégringoler brutalement à plusieurs reprises, on craint la chute fatale mais chaque fois, juste avant le sol, elle l'enraye pour repartir à l'assaut des hauteurs (ce qui pourrait être un numéro classique). Pour autant, la grâce s'est perdue, on ne voit plus que la virtuosité gymnique. L'expérience réussie tenait donc bien à l'impureté du mélange composite non seulement des arts, mais de la *maestria* physique et du désir d'élévation porté par le spectacle entier (avec ses échecs répétés, et ses réussites espérées), de son enchâssement dans le travail chorégraphique de tous les protagonistes (et pas seulement des acrobates), de la projection empathique que peut éprouver le spectateur pour des personnes présentes et non filmées. Dans la séquence isolée, l'intensité émotionnelle se dilue et il y a là un double paradoxe. D'une part la dilution vient de ce qui aurait pu au contraire intensifier l'expérience spectatorielle par la focalisation du regard dans la séquence cadrée et filmée en gros plan – on retrouverait ici des critères traditionnels de la contemplation, rattachée étymologiquement à la délimitation d'un *templum* que découpaient (*temnô*) les augures dans le ciel[13]. D'autre part la dilution tient aussi à l'accompagnement musical, ici *Ständchen* de Schubert ; or, le *Lied* est joué dans une transcription pour violoncelle et ensemble à cordes (filmés avec des gros plans), il en résulte un excès qui trahit l'intériorité de la musique schubertienne tout en réduisant le sens de ce qu'on voit à une prouesse exhibée, prétexte au lyrisme émotionnel.

On peut en tirer deux conséquences. D'une part, cela montre la puissance indépassable de l'engagement de corps réels devant celui du spectateur, les risques qu'ils prennent suscitant en lui des émotions fortes ; si la vidéo occulte cette dimension de coprésence et d'empathie, dans le spectacle en revanche cette même dimension lézarde la possibilité d'une contemplation pure et distanciée. D'autre

12. https://www.france.tv/france-3/le-grand-echiquier/1140065-marie-tribouilloy-la-chute-des-anges-sur-le-chant-du-cygne.html, publié le 19/12/19, consulté le 10 décembre 2022.

13. Sur cette étymologie souvent reprise, voir par exemple J. Clair, *Court traité des sensations*, Paris, Gallimard, 2002, p. 60.

part, cela aide à comprendre que la coexistence d'arts pluriels n'est pas un critère en soi de la pureté ou l'impureté, ou de la réussite d'une expérience. Cette coexistence-ci semble une surcharge et chaque art y reste juxtaposé alors que, durant le spectacle, la musique composée exprès structurait ou innervait ce qu'on voyait. C'est la qualité d'impureté du « mélange » (pour reprendre le terme de R. Boitel) qui importe.

Le terme reste peut-être imprécis, pour aller plus loin risquons celui de « porosité » en nous appuyant sur le spectacle *Pli* d'Inbal Ben Haim[14]. Dans la conception du spectacle comme dans la performance sur scène, la circassienne s'allie à Domitille Martin (scénographe et plasticienne, sculptrice de matières composites) et à Alexis Mérat (plasticien spécialisé dans les techniques de pliage et de froissage). Une première originalité est qu'ils sont tous trois sur scène (secondés par la bande musicale originale de Max Bruckert et la subtile création lumière de Marie-Sol Kim). Ensemble ou séparément, ils interviennent à différents moments pour plier, déplier, froisser, rouler, tordre le papier. Ainsi le plasticien le torsade jusqu'à en faire une corde qui devient agrès, la circassienne s'en empare pour s'y suspendre, s'y enrouler, elle le déchire aussi, le transperce et le traverse en jouant de toutes les dimensions plastiques qu'il peut avoir. Tous trois se passent ainsi le relais, rendant poreuses les limites de leurs compétences respectives. Cela s'explique par une seconde originalité puisque ces mêmes compétences sont au service d'un tiers commun : le matériau papier, dans tous ses états et déploiements. Sublimé par la lumière, il est métamorphosé à vue, il est ballot, feuille, confettis, muraille, montagne, il se déchiquette et s'éparpille, il est le grand papier qui permet de replier tout ce qu'il y a sur le plateau, il est encore cocon ou chrysalide dont sort lentement Inbal Ben Haim, il est enfin écran et voile ou réceptacle qu'elle déchire en passant à travers lui.

Les pratiques artistiques sont réunies et activées par ce matériau papier, cela rend poreuses leurs distinctions propres, cela ébranle aussi nos catégories. Ici, pour reprendre la distinction aristotélicienne des causes (matérielle, efficiente, formelle et finale[15]), le matériau

14. I. Ben Haim, *Pli*, création le 10 nov. 2021 aux Subs à Lyon, vu au Monfort à Paris, 12-15 octobre 2022.

15. Aristote, *Physique* II 3, 194 b, *Métaphysique* A, 3, 983 a. Il prenait pour modèle la sculpture d'une statue.

n'est plus une simple cause matérielle que l'efficience du sculpteur viendrait informer; il n'est pas pour autant cause formelle, mais il transforme et constitue les décors et les formes ; il n'est pas non plus cause efficiente au sens exact, mais il sollicite des « instrumentistes » qui jouent avec lui, il les contraint même à rebours à faire tel ou tel geste, ou à réinventer les gestes. « On ne fait pas ce qu'on veut avec le papier. Il vous manipule autant que vous le manipulez. Les gestes et les mouvements que je produis s'adaptent aux spécificités et aux possibilités de la matière » écrit ainsi la circassienne[16].

En conséquence, l'impureté ici n'est pas seulement celle des disciplines mêlées, elle est aussi celle du trouble de nos catégories, elle est encore celle de notre vision et de notre plaisir; ils tiennent en effet à la fois à la grande beauté plastique du spectacle et au fait que la contemplation esthétique s'hybride de réminiscences d'histoire de l'art : on songe tour à tour aux empaquetages en tissu de Christo[17], à Boltanski quand les papiers sont lâchés comme des vêtements, à Fragonard quand les plis évoquent des draps de lit, ou à Saburō Murakami traversant des écrans de papier lors de la deuxième exposition Gutaï à Tokyo en 1956. Pour reprendre la définition chimique de l'impureté, ce sont autant de particules en suspension dans le pur plaisir visuel; par ailleurs elles sont à leur tour déplacées par ce qu'induit le matériau insolite dans la pratique de l'acrobatie. Comment se suspendre à ce qui se déchire, se demande la circassienne :

> En mettant à l'épreuve la résistance du papier dans des situations aériennes, l'incertitude devient dramatique et crée un certain suspens. J'ai envie de jouer avec cette réaction spontanée en allant jusqu'à des moments de rupture, de déchirure, comme si je sciais la branche sur laquelle je suis assise[18].

Cette altération risquée du geste et de la pratique dessine ainsi une deuxième voie pour penser l'impureté.

16. I. Ben Haim, note d'intention pour la création du spectacle aux Subs à Lyon, https://www.les-subs.com/wp-content/uploads/2020/06/dossier-inbal-ben-haim-pli-hd2.pdf, consulté le 20 nov. 2022.

17. Christo est le nom d'artiste donné à Christo Javacheff et Jeanne-Claude Denat de Guillebon.

18. I. Ben Haim, note d'intention déjà citée.

L'ALTÉRATION PAR UN MATÉRIAU ÉTRANGER

Utiliser le papier pour la trapéziste, c'est se contraindre à explorer une zone d'incertitude pour créer des figures très différentes de celles qu'elle adopterait avec des agrès traditionnels. Cette altération de la pratique par un élément étranger est un des axes forts du renouveau circassien, transgressant ainsi le répertoire traditionnel du cirque. Nous reprenons ce vocabulaire et ces distinctions à Jérôme Thomas, qui transgresse d'une autre manière ce répertoire et les numéros attendus, du jonglage en l'occurrence :

> Jongler avec des massues et des balles, c'est être en adéquation avec les codes propres au registre « Jonglage ». Jongler avec des casseroles ou des plumes, c'est opérer une transgression du répertoire [...] Cette transgression est le fait du créateur [...] Il s'agit de confronter un objet non codifié à une technique qui l'est, en tant qu'elle hérite de la tradition millénaire du jonglage. Cette confrontation-là [...] marque une vraie révolution dans l'histoire des arts du cirque[19].

Son propos aide à préciser le nôtre. Il ne s'agit pas d'opposer une impureté à un cirque pur, il ne l'a sans doute jamais été, mais de comprendre comment une « vraie révolution » opère en introduisant des éléments nouveaux, hétérogènes aux codes d'un registre et d'un répertoire plus ou moins figé, en altérant ainsi la pureté. Cela peut même aller jusqu'à s'affranchir des limites du cirque[20].

Exemple paradigmatique sans doute, *P.P.P.* (*Position parallèle au plancher*[21]) de Phia Ménard marque un tournant dans sa propre pratique. En décidant de jongler avec de la glace, une matière incongrue dans ce registre, l'artiste veut mettre à l'épreuve l'art acquis, dépasser le « tour » de cirque :

> Alors que pendant 20 ans, j'avais jonglé avec des objets, des balles, j'en ai un jour éprouvé les limites. L'objet s'est usé. J'ai vu que le

19. Entretien de Jérôme Thomas, avec Émilie Charlet et Aurélie Coulon, « "S'occuper à pratiquer les objets" : Les objets du jongleur », *Agôn* 4, 2011, DOI : https://doi.org/10.4000/agon. 2070.

20. Cet affranchissement volontaire n'est pas celui de Jérôme Thomas qui défend l'idée que le jonglage (nonobstant ses altérations et transgressions) appartient encore au répertoire des arts du cirque, voir art. cité.

21. Création en 2008 aux Subsistances de Lyon, voir le site de sa compagnie : http://www.cienonnova.com/portfolio/p-p-p/.

> jonglage et ses balles étaient fonctionnels, ils demandent surtout une maîtrise technique mais ne peuvent pas tout raconter. Avec *P.P.P.*, j'ai appréhendé la glace, une matière éphémère et dangereuse qui fond, casse, brûle. Immaîtrisable à l'inverse du jonglage avec des objets, où tout peut se contrôler, y compris le ratage, cet échec que les temps contemporains ont appris à théâtraliser. Le jonglage au fond, pour moi, c'était juste de l'exploit spectaculaire[22].

L'altération par le matériau l'oblige à sortir du numéro maîtrisé, spectaculaire et répétitif, pour appréhender la transformation des éléments et des corps. Après et avec ce tournant de *P.P.P.*, Phia Ménard ne cesse d'explorer cette voie dans le projet d'*Injonglabilité Complémentaire des Éléments*, *I.C.E*, qui porte sur les éléments, glace, eau, vapeur, air, et sur « un certain imaginaire de la transformation au travers de ce qui [...] n'est pas manipulable ou n'est pas référencé comme tel »[23]. Son art ne relève plus du répertoire du cirque, mû par une recherche aux franges des pratiques et des arts, dans la volonté obstinée de solliciter les déplacements. Tout en étant minimale (sur le plateau : un personnage, trois congélateurs, et de la glace passant par tous les états), la proposition est volontairement impure. Le plaisir pris à la regarder aussi. Les moments de grâce (notamment dans le jonglage avec les petites sphères glacées) alternent avec des moments de malaise devant l'épreuve de ce corps confronté au froid, à la brûlure, à la mue du matériau, voire de l'identité de genre de l'artiste[24]. L'impact sensoriel de ce que le spectateur voit et imagine l'implique et l'entraîne dans des registres éthiques et sociétaux qui débordent celui de l'esthétique.

Soulignons la force d'inventivité et de renouveau puisée dans ce refus d'en rester aux « tours appris », insistons sur la dimension d'une mise à l'épreuve, laquelle peut à son tour éprouver le spectateur. Selon les moments, cela minore ou oblitère la dimension « esthétique »

22. Ph. Ménard, *Pièce (dé)montée*, n°164, dossier du Scérén, partenariat avec le CRDP de l'académie de Paris, mai 2013, propos de l'artiste, p. 6.

23. Phia Ménard crée l'*ICE* en 2018, en même temps que *P.P.P.*, la citation provient de son site : http://www.cienonnova.com/i-c-e/. Pour aller plus loin, voir C. Roussial, « Se positionner face aux éléments », *Agôn* 8, 2019, DOI : https://doi.org/10.4000/agon. 6245.

24. Phia Ménard souligne l'omniprésence de cette question dans ses créations, et déclare à propos de celle-ci : « je puise mes inspirations dans [...] ces moments où ma peau d'homme devenait insupportable, où je me sentais une femme travestie en homme dans le jeu des mâles », http://www.cienonnova.com/portfolio/p-p-p/.

au sens classique de l'adjectif, celle d'un « plaisir esthétique » qui engagerait des jugements sur le beau, le joli, le gracieux (jugement qui existe encore pleinement pour *Pli*). Une telle dimension passe ici au second plan, voire s'efface. Domine en revanche la présence de cette confrontation et altération avec et par le matériau, de sa rudesse éventuelle, des interrogations inconfortables que cela engendre. Il ne s'agit plus du jugement de goût pur que postulait Kant, mais d'une expérience tramée de multiples niveaux. Non seulement elle engage toujours un ou des corps, ce qui implique celui du spectateur éprouvant par projection la difficulté du geste voire son impossibilité crainte, mais elle intensifie encore l'empathie, puisque la vulnérabilité de l'individu y est manifeste, voire exacerbée par cette lutte avec la matière. Par ailleurs, l'expérience n'est plus seulement « esthétique » au sens classique (rappelé plus haut), elle s'hybride d'une interrogation, parfois douloureusement éprouvée, sur les limites et les capacités d'un corps engagé dans cette confrontation, voire sur sa métamorphose. Il y a là une impureté certes, mais riche de possibles et nourrissant des réflexions à venir.

L'altération de la pratique peut se développer sans ce dialogue avec un matériau étranger. C'est la troisième voie que l'on souhaite explorer, elle peut d'ailleurs recouper celle qu'on vient de voir (le travail de Phia Ménard relève pour une part de cette troisième voie aussi) mais nous l'examinons séparément, pour mieux souligner sa radicalité.

L'ALTÉRATION DU MÉDIUM ET DU RÉPERTOIRE CIRCASSIEN

L'altération ici ne découle pas d'une focalisation sur un matériau unique pour jouer avec lui, contre lui, et pour perturber les gestes acquis, elle se spécifierait plutôt par la prolifération de niveaux et de registres dans le dispositif circassien. Deux exemples peuvent aider ici à construire une réflexion graduée.

Commençons par *De bonnes raisons*, de Matthieu Gary et Sidney Pin[25]. Là encore, la donne initiale est minimale : le duo d'acrobates

25. M. Gary et S. Pin, *De bonnes raisons*, création 2022. On se réfère à la version donnée au théâtre Monfort, Paris, 8-19 nov. 2022. Voir le site de la compagnie https://lavolte-cirque.fr/.

est constamment en scène, avec pour instruments leur seule perche dont ils augmentent progressivement la longueur par segments, des tables bancales à escalader de plus en plus haut, une bascule et un tremplin en hauteur pour les sauts et la haute voltige ; une musique très discrète intervient en contrepoint à certains moments. On s'inscrit encore dans le répertoire circassien mais on pourrait plutôt parler de « performance spectaculaire »[26]. De fait, ils développent un « discours » autant par la monstration des corps que par les mots ; les « conférenciers » ne cessent de se questionner sur les « bonnes raisons » qu'ils se donnent mutuellement pour affronter encore et encore le danger, pour se faire mutuellement confiance dans cette prise de risque ; M. Gary, qui doit monter pour faire des figures acrobatiques en haut de la perche, interroge ainsi son porteur S. Pin : comment peut-il l'assurer et le rassurer (ou non) ? Comment compense-t-il ou prévoit-il ses mouvements ? Tous deux questionnent ce qu'induit cette répartition des rôles dans leur nécessaire couple (porteur/porté), et plus largement cela incite à penser à ce qu'il en est de la dépendance réciproque et de l'asymétrie dans un couple. Mais ce n'est pas tout car ce faisant, l'interrogation va de la responsabilité de l'un envers l'autre, à celle plus large des autres envers eux puis, l'air de rien, on glisse à la manière dont le public est aussi engagé dans ce processus de responsabilité. Le plateau (réaménagé exprès dans la grande salle du théâtre) a été réduit à la taille de 6m x 4m, avec trois rangs seulement de gradins disposés tout autour ; en conséquence, quand la perche dans sa grande longueur oscille et que la chute paraît imminente, le public s'écarte par réflexe craignant qu'elle et le perchiste ne tombent sur lui, ce qui favorise une nouvelle salve d'interrogations de la part des deux compères, après qu'ils ont rattrapé la chute *in extremis.*

Tentons quelques dénominations pour qualifier ce spectacle singulier : une « conférence » nourrie de références très hétérogènes (d'Isaac Newton à Bruce Lee, de Gaston Bachelard à France Gall, entre autres en passant par l'Évangile selon saint Matthieu) ; « une conférence clownesque » aussi, où l'humour et la blague potache se côtoient, on y rit beaucoup ; « un cirque à l'envers » où le travail des coulisses se fait sur scène, la perche est augmentée à vue, un spectateur se voit chargé de la régie lumière, le ratage et l'exercice sont

26. C'est le terme que le duo employait pour leur précédent spectacle, *Chute*, 2016.

exhibés plus souvent que la réussite, les perchistes tentent, échouent et recommencent, tout en expliquant à haute voix les figures et l'insécurité paradoxale qu'engendrent les protocoles de sécurité qu'ils mettent en place. Par ailleurs, on assiste indubitablement à une « prouesse physique », rendue manifeste par la proximité des gradins avec le petit plateau, on voit de très près leurs muscles travailler, la sueur perler, les veines du cou saillir ; on sent littéralement leurs efforts et mouvements, la poussière se soulève dans l'élan pris, l'air est déplacé lors du moment de haute voltige, on frémit si la perche s'infléchit vers le rang où l'on se tient. Et pourtant cette prouesse n'est encore que le substrat d'une réflexion et la conférence prend une tournure méta-réflexive par les interrogations sur les conditions de possibilité des figures, et sur les enjeux éthiques ou politiques qui s'en dégagent (quelle part de risque accepte-t-on dans une société ? Quelle responsabilité assume-t-on individuellement et collectivement ?).

La pratique est impure, l'expérience qu'on en a comme spectateur l'est aussi ; le plaisir dû à une appréciation esthétique (au sens traditionnel) y tient moins de place que l'appréciation très sensorielle de l'effort physique engagé devant nous et des sentiments ainsi suscités (admiration, peur, étonnement) ; de plus, cette appréciation est elle-même mêlée à une dimension cognitive, réflexive, voire méta-réflexive (une analyse en acte des conditions de possibilité de l'acte circassien) ; elle est enfin traversée par des interrogations éthiques (explicites et implicites), le tout dans une dimension clownesque et ludique. L'expérience est tramée de sensations corporelles, elle s'hybride de divers enjeux moraux et quotidiens (qu'est-ce que la distribution des responsabilités dans un couple ?). On est donc bien loin des propositions kantiennes, il ne s'agit ni d'un jugement de goût pur, ni d'apprécier le beau, ni de beauté libre, ni même de beauté adhérente ; on est bien loin aussi des normes du beau selon l'historien d'art Winckelmann, qui le concevait sur le modèle de l'eau parfaite, épurée des passions et des irrégularités[27]. Pour autant, alors qu'il ne s'agit pas d'un plaisir esthétique « classique », la réussite de ce court spectacle est réelle et tonique, et le plaisir manifeste des spectateurs tient aussi à l'impression d'un singulier moment de partage dans cette proximité.

27. E. Décultot, *Johann Joachim Winckelmann. Enquête sur la genèse de l'histoire de l'art*, Paris, Puf, 2000, p. 71.

Dans un autre registre, Chloé Moglia avait déjà créé en 2009 un solo court et percutant sur la prise de risque, *Rhizikon*[28]. Formée à la pratique du trapèze, elle dit s'y être sentie enfermée dans ces figures imposées, elle a inventé alors une pratique de suspension à un ou des filin(s), pour évoluer au-dessus du sol à des hauteurs variables dans des mouvements très lents. Suspens temporel et suspens physique, on y reviendra ; notons pour l'instant que, dans le terme « suspensive » par lequel elle aime se définir, résonne aussi « pensive ». De fait sa pratique est corporelle autant que mentale, elle s'y prépare par les arts martiaux, et par les lectures dont elle se nourrit. Pour commenter ce qui pousse à prendre des risques, elle convoque la voix de Vladimir Jankélévitch ; armée d'une craie et d'une éponge, elle couvre un tableau noir d'une écriture déployée dans les deux sens de la verticalité et de l'horizontalité, écriture qui se fait dessin ; puis elle efface, réécrit ou redessine un oiseau qui aurait fait le choix du suicide. Alors la performeuse[29], élégamment vêtue, juchée sur des talons aiguilles, bascule tête en bas du tableau où elle s'était perchée, s'y rattrape, puis feint de monter sur un escalier qu'elle vient de dessiner, se suspend au cadre, avant de revenir danser au sol.

On retrouve cette verve inventive, ce mélange de virtuosité physique et de didactisme dans sa dernière création *O*[30], inspirée de livres (notamment ceux du géologue Franco Farinelli et de la philosophe écologiste Val Plumwood). Elle utilise à nouveau le dispositif du tableau (inséré ici dans le O d'un cercle), les craies, l'éponge, mais encore des magnets jetés sur le tableau pour y composer des mots, des banderoles déroulées, l'écriture à l'envers et à l'endroit et dans les deux sens, le dessin qui se fait *flip-book*, le « O » lettre puis œil, pupille, bouche à laquelle elle prête un micro et qui parle alors du cycle de vie. Elle enclenche des bandes de voix enregistrées dont elle commente les propos en parallèle ou en décalé ; ils sont incarnés aussi dans des moments de suspension au cercle métallique où s'insère le tableau, pour donner conscience de la fragilité de la vie, de la finitude dans le cadran cosmique qui tourne. Les espaces se métamorphosent

28. C. Moglia, *Rhizikon*, création 2009, Scène nationale de Sète et du Bassin de Thau.

29. *Rhizikon* peut être performé par Chloé Moglia ou Mathilde Arsenault Van Volsem ou Fanny Austry. On fait référence à la performance de F. Austry au Théâtre Jean Vilar, Vitry sur Seine, 21 janv. 2023.

30. C. Moglia, *O*, création les 29 et 30 novembre 2022, théâtre Agora d'Evry.

à vue, salle de classe, terrain de jeu, agrès redéfini d'acrobate, les enjeux éthiques et politiques sont explicites, le cognitif domine. L'altération par profusion va jusqu'à la rupture de l'identification avec le genre traditionnel ; ce n'est plus un spectacle de cirque (alors que *De bonnes raisons* l'était encore) et la feuille de salle parle de « causerie performative ». De fait, on y réfléchit beaucoup, tout en admirant la dextérité de la performance, le rythme des enchaînements et leur humour qui sert derechef à réfléchir : « Quelqu'un a l'heure ? » demande-t-elle arrêtée tranquillement au beau milieu d'une de ses suspensions et la réponse lui sert à faire du « O » le cadran d'horloge où elle va se déplacer inéluctablement vers l'heure de l'extinction de l'espèce. La matière est hétérogène et tient à la fois du bricolage, de la réflexion et d'une acrobatie réinventée, utilisée pour d'autres fins qu'elle-même ; la dimension d'exploit physique est mobilisée dans un absolu décalage avec les attentes traditionnelles (rappelons que dans *Rhizikon*, la performeuse a des talons aiguilles) et pour faire réfléchir. Le plaisir qu'on en tire est impur, fait de toutes ces dimensions qui s'allient ou se complètent dans les meilleurs moments, d'une interrogation sur notre propre posture aussi, de la conscience encore des risques : risque physique, risque écologique, mais encore possible risque artistique de verser dans l'hétéroclite ou dans le seul didactisme. Cela invite à rappeler que la même artiste peut maîtriser à l'extrême la retenue et l'épure au cœur même de sa pratique de suspensive, ce qui dessine une dernière voie (paradoxale) d'impureté.

L'ÉPURE DANS L'IMPURETÉ

On prendra ici pour seul exemple *Horizon*, créé en 2013 puis filmé pour Arte en 2020 à Camaret-sur-mer[31]. Chloé Moglia s'y suspend, à cinq ou six mètres de haut, sur une petite parcelle d'un arceau dressé devant la mer et la verticalité des vestiges du manoir de Saint-Pol-Roux. Elle s'y déplace lentement, se tenant par une ou deux mains, par les jambes, par tel angle du corps (le creux des aisselles ou la pliure de l'aine), s'y enroule voire s'y allonge dans une performance singulière

31. C. Moglia, *Horizon*, création 2013, pour Paris Quartier d'Eté ; le film de 8' a été réalisé par Sébastien Bergé pour Arte en 2020, https://www.arte.tv/fr/videos/098239-002-A/chloe-moglia-dans-arte-en-scene/.

mêlant indissociablement la puissance du corps et sa vulnérabilité, l'exploit et sa relégation. Ni le spectaculaire, ni l'acrobatique, ni la prouesse ne l'intéressent alors, dit-elle[32]. Pour autant, elle n'oublie jamais la présence du risque, mais y répond par une vigilance accrue intensifiant sa relation aux qualités de l'instant. La suspension est donc aussi une expérience suspendue, désarrimée des repères habituels, et déployant d'autres enjeux. Dans le *tempo* étiré de chaque mouvement, dans les moments d'arrêt « en suspens », le spectateur ressent l'attention aiguisée que C. Moglia doit porter d'une part à ses sensations internes (mesurer la gravité pour en jouer, anticiper si une partie du corps commence à se crisper, et comment la détendre), et d'autre part corrélativement au monde environnant (sentir le vent qui peut contrarier le mouvement et la résistance de l'air). Par là, elle appréhende un espace physique certes, mais ouvre tout autant un espace sensoriel et mental, tout en permettant aussi une suspension des attentes spectatorielles, elle s'attache ainsi à retirer à certains gestes leur élan, pour qu'on ne sache pas où ils mèneront. Grâce à tous ces paramètres rendus sensibles par l'extrême dépouillement, la lenteur ou la retenue des déplacements proposés, elle donne à vivre au spectateur « une attention amoureuse au monde qui élève l'acuité »[33].

Il y a donc bien ici une expérience esthétique qu'on pourrait qualifier d'impure. D'une part, elle porte sur une pratique « impure » parce qu'elle n'est ni sport, ni figure classique de cirque, ni art (au sens des beaux-arts) ; cette pratique relève pourtant d'un art d'être présent au monde et à l'instant, art nourri par les arts martiaux et le travail de l'attention, délivré de tous les repères et attentes, et ici sans nul didactisme, mais avec un vrai sens du partage. D'autre part et en conséquence, l'expérience n'est pas « esthétique » au sens habituel du terme, encore qu'il y ait une vraie grâce dans ces évolutions, elle est surtout l'expérience esthésique d'une intensité de la mobilisation des sens et des sensations, d'une hyper-vigilance à tous les détails et à l'environnement.

En découle un double paradoxe stimulant : d'une part l'impureté de la pratique (qui déroge aux normes, aux numéros et même au genre de l'acrobatie) permet une esthésie épurée ; d'autre part et en même temps, cela en fait l'acmé d'une dimension esthétique, souvent

32. Propos tenus lors d'un entretien personnel, le 27 juin 2022 à Rennes.

33. Entretien réalisé par G. Renault publié dans *Libération*, le 21 juillet 2021.

minorée, en se réancrant dans l'esthésie. L'expérience qu'on peut faire d'*Horizon* serait donc à la fois impure et épurée et, par cette épure, pleinement esthésique, donc esthétique.

CONCLUSION

Ce parcours a mené de l'hybridation des disciplines à l'altération des gestes et des pratiques par le matériau, puis à l'altération du médium et des registres, enfin à cette épure dans l'impureté ; il a conduit du plus « intra-circassien » à ce qui l'est moins ou ne l'est quasi plus (causeries performatives, suspension). Pour autant, les exemples choisis (hormis le premier, *La chute des Anges*) ont souvent en commun d'être des dispositifs assez minimaux, avec des scènes réduites où la réalité de la présence physique des interprètes s'impose avec force, ce qui là encore contracte l'épure et l'impur. Ils ont aussi en commun de troubler, outre le geste et le registre, outre les catégories causales, la notion classique de l'œuvre (présentée comme un résultat fini et clos), en exhibant l'amont et l'aval du spectacle, en faisant réfléchir à ses conditions de possibilité, en bricolant avec des matériaux disparates, en mettant en jeu une inventivité processuelle, en suspendant le temps. Pour ces raisons, ils perturbent et troublent l'identification des pratiques, et mêlent des qualités de réception plurielles ; l'esthétique n'est plus une catégorie close mais ouverte, hybridée et par là impure.

Concluons par trois remarques. *Primo*, nous espérons avoir mis en valeur une conception ample et vivifiante de l'esthétique, en montrant les qualités d'une certaine impureté de l'expérience esthétique – jugée impure parce que dérogeant à une définition traditionnelle de l'attitude esthétique : contemplation distanciée d'une œuvre, jugement de goût pur désintéressé, satisfaction épurée de sensations étrangères. De fait, dans ces impuretés décrites, l'esthésie est capitale et le corps y est concerné de manière centrale dans le sentir et dans la sympathie kinesthésique. En outre, le plaisir (qui ne résulte plus exclusivement de catégories esthétiques) se trouve la plupart du temps hybridé de dimensions non « esthétiques » (éthiques, sociétales, politiques), mêlé à la réflexion et au cognitif. Pour autant, nous défendons l'idée que l'étymologie autorise ces inclusions, puisque le verbe grec *aisthanomai* exprime le fait de sentir, percevoir, apercevoir au sens courant d'une compréhension à partir des sens (par exemple : « j'ai bien vu à sa réaction qu'il était en colère »).

Secundo et parallèlement, nous assumons un double parti pris : (a) ne pas axiologiser la bipolarité pureté/impureté (d'où le refus initial de prendre en compte l'idée de souillure), (b) la nuancer et la complexifier. Tout du long, nous avons voulu marquer des gradients et souligné les tensions dans cette relation ; de ces tensions témoignent les paradoxes indiqués en préambule et ceux relevés au fur et à mesure.

Pourtant *in fine*, il est loisible de maintenir l'intérêt de la notion d'impureté. Sa vertu serait d'inciter à penser d'une part l'élargissement de la sphère de l'expérience esthétique dans le débordement du substantif sur son épithète qualificative[34], d'autre part d'envisager la complexité et la variété des expériences esthétiques, les modalités diverses dans lesquelles le mélange peut rester « en suspension » ou créer un alliage inédit, d'accueillir ainsi l'inventivité, parfois dérangeante, des propositions actuelles.

34. Sur cette « vertu », voir M. Massin, « Les vertus de l'impureté », dans C. Février, P.-H. Frangne, A. Guilloux (dir.), *Sensibiliser à l'art contemporain ?, Atala : Culture et sciences humaines* 16, 2013, p. 31-42.

PISTES, REVUE DE PHILOSOPHIE CONTEMPORAINE 5 (2024)
190 p., ISBN : 978-2-7116-8429-8, p. 47-64, VRIN.

Apparition et ré-apparition : que fait le freak à la fiction ?

Anna Maria Sienicka

« Les gens du spectacle divisent l'humanité en deux catégories : ceux qui sont “dans le coup” et ceux qui ne le sont pas »[1], écrit Robert Bogdan, historien spécialiste des freak shows. Si son propos décrit une « justice freak »[2], qui tient au renversement des discriminations dont ils sont victimes, eux qui sont « simplement tolérés en marge de la société »[3], il permet aussi de souligner la supercherie qui a fait le succès de ce type de spectacle. En effet, si l'on compte bien parmi les phénomènes exhibés des personnes que le corps médical nommerait de nos jours handicapées ou souffrant d'une difformité suite à une maladie, il est à noter que la plupart des anormalités présentées sur les estrades relevaient seulement d'une mise en scène qui les faisait *apparaître* comme extraordinaires. La formule « *Believe it or not!* » (Croyez-le ou non !), qui présidait aux freak shows présentés à l'*Odditorium* de l'Exposition Universelle de Chicago de 1933-1934, tend à montrer qu'une des spécificités du freak show résidait dans le plaisir de déjouer l'illusion ou du moins d'en éprouver l'artifice. Le succès des freak shows est indubitablement lié à l'aptitude des

1. R. Bogdan, *La fabrique des monstres : les États-Unis et le freak show, 1840-1940* [1988], Paris, Alma éditeur, 2013, p. 81.

2. Les freak shows étaient le lieu d'émergence d'une solidarité des gens du spectacle face à l'hostilité des autorités, de la presse, de la classe bourgeoise. Solidarité qui les mena à développer des réflexes claniques jusqu'à désigner certains profils de clients comme étant de ceux qu'ils pouvaient arnaquer.

3. *Ibid.*

forains à instituer un jeu sur la véracité du spectacle qui s'offrait aux spectateurs, et qui reposait autant sur une modalité de présentation de l'anormalité flatteuse et rassurante quant à leur supériorité face aux freaks, que sur la croyance induite qu'ils n'étaient pas de ceux qu'on peut flouer. Les spectateurs, de leur côté, n'étaient cependant que rarement dupes ; aussi s'installait un plaisir éminemment théâtral où ceux-ci attendaient moins de la véracité qu'une mise en scène ludique pour se laisser emporter dans un monde imaginaire.

Pourtant, dans cette grande supercherie qu'était le freak show, certains numéros relevaient d'actes périlleux, qui n'étaient pas sans affecter les spectateurs. Dans son roman autobiographique, Daniel P. Mannix évoque ses expériences « d'avaleur de sabres » itinérant. Il y retrace notamment les réactions des spectateurs, lors d'une de ses performances durant laquelle il avale un tube à néon lumineux s'éclairant ainsi de l'intérieur :

> L'effet produit sur le spectateur est si nauséeux qu'un autre forain s'empresse d'applaudir :
>
> — Est-ce que ma poitrine brille ?
>
> — Tu luisais, mon gars, comme un falot de papier huilé. C'est épatant, j'ai failli en dégueuler[4].

L'audience grimace, se détourne, cache ses yeux devant le dégoût que le spectacle instille. Malgré cette réponse vive, qui pourrait signer l'échec de la performance, les spectateurs ne quittent pas la représentation. Le dégoût est une sensation difficile à définir parce qu'elle se ressent sans réflexion et ne semble donc pas susceptible de laisser la place à la formation d'une expérience esthétique. Si le spectacle freak se réclame d'un dispositif théâtral, une réaction aussi intense ne peut que rompre l'illusion. Bien loin de la beauté formelle recherchée par les acrobates et les contorsionnistes où la technique du corps devient virtuosité, le spectacle freak[5] affirme le trouble

4. D. Mannix, *Entrez, entrez, Mesdames, Messieurs*, Paris, Denoël, 1953, p. 117.

5. Je prends le parti de parler de spectacle freak à la place de « freak shows » ou de « spectacle de freaks », afin de souligner l'importance des différents dispositifs concourant à l'apparition de celui qui fait freak et de souligner la spécificité esthétique de ce type de spectacles. Nous garderons le terme « freak » pour désigner ceux qui ont interprété ces rôles ou qui en furent affublés. Nous utiliserons « freak show » pour parler des institutions grandes ou petites qui mettaient en scène les freaks.

comme marque d'un spectacle réussi[6]. Pourtant il ne s'agit pas d'une simple exhibition sensationnelle cherchant à dépasser les limites du supportable, mais le résultat d'un jeu touchant à l'image qui advient sur scène. Ce n'est alors plus tant le fait théâtral qui est interrogé que nos propres perceptions. Comment une réaction qui ne permet pas d'instaurer la distance nécessaire au jugement esthétique peut-elle être incorporée au sein d'un pacte théâtral ? Ce trouble ne fait-il pas courir le risque de rendre indistincts l'acte de visée perceptif et l'acte de visée imaginatif, et, par conséquent, de faire disparaître l'expérience esthétique en tant que telle ? Est-il possible de penser une intentionnalité qui se dédouble pour prendre en considération autant le dégoût provoqué par le spectacle que le jeu de l'illusion ? L'embarras du spectateur à opter pour l'une ou pour l'autre de ces appréhensions ne serait-il pas révélateur d'une esthétique plus large du trouble apprécié pour sa spécificité ? Comment, dans les spectacles freak, la désillusion perceptive est-elle reprise dans le cadre de l'illusion théâtrale ?

J'aimerais montrer qu'une part importante de la force esthétique du spectacle freak réside dans l'ambiguïté constante entre fiction et factualité. C'est cette tension entre fiction et factualité que j'aimerais explorer à l'aune de l'idée de ré-apparition[7] entendue comme resurgissement de la matérialité du corps du performeur, éprouvant le cadre fictionnel dans lequel il s'inscrit et constituant aussi une épreuve pour les spectateurs. Cette idée me permettra d'éclairer l'évolution des spectacles freak à travers une analyse philosophique mettant en lumière les changements esthétiques entre les spectacles des XIXe-début XXe siècles et les reprises contemporaines. Mon hypothèse est que le lien spécifique entre ré-apparition et illusion permet de

6. Nous pourrions envisager d'approcher la question de la beauté à travers une esthétique du quotidien. Le spectacle freak reposait souvent sur l'exécution de gestes banals par des corps extraordinaires, comme la capacité de peindre ou prendre le thé par une personne ne possédant pas de bras et se servant de ses pieds. Celle-ci reposerait sur une possible approche des techniques du corps comme style.

7. Ce travail doit beaucoup à celui d'Agnès Curel qui développe l'idée d'une esthétique de « l'apparition », entendue comme procédé de fabrication d'une image scénique à travers la voix du bonimenteur qui, loin de se réduire à un simple présentateur, est celui qui permet l'entrée, aussi physique que mentale, dans la fiction. Voir A. Curel, « " Mesdames et Messieurs ! ". Bonimenteurs et rhétorique de l'apparition : des enjeux historiques et théoriques à la mise en jeu de ces personnages au théâtre », dans P. Couté, H. Frazik et C. Prunet (dir.), *L'apparition dans les œuvres d'art*, Caen, Presses Universitaires de Caen, 2020, p. 17-32.

comprendre pourquoi la catégorie de la supercherie est opérante mais pas suffisante pour penser l'appréciation du spectacle freak.

VOIR LE FREAK

Qu'est-ce qu'un freak ? Le terme est difficilement traduisible mais se réfère habituellement au marginal, à l'anormal voire au déviant : son acception anglophone le place du côté du ressenti en l'inscrivant dans le registre de la peur, illustrant la réaction qu'on aurait face à un corps ou un comportement jugé terrifiant. Lorsqu'il est utilisé pour désigner une personne, il signe bien plus l'échec du langage à la saisir qu'il n'est une réelle qualification. Dire « il ou elle est un freak » est un énoncé discordant, puisqu'il s'inscrit déjà dans au moins une première catégorisation : celle du genre. Tout au plus pourrait-on dire que « c'est un freak », en soulignant par là l'impossibilité de clairement l'identifier[8]. En tant que tel, le freak n'est appréhendé que sous le signe du trouble puisqu'il rend poreuses des délimitations tenues pour acquises : humain/animal, femme/homme, possible/impossible, faisant de lui une transgression incarnée. Le terme a été généralisé par l'avènement des exhibitions d'anormaux, nommées freak shows, dont les figures les plus connues furent la « femme-à-barbe », les « jumeaux siamois », ou encore l'« homme-tronc ». Si de nombreuses études soulignent l'aspect normatif dans lequel s'inscrit la figure du freak, alors même que les personnes interprétant ces rôles se présentaient comme artistes et proposaient un spectacle fondé sur une illusion théâtrale, la question d'une esthétique propre à ces exhibitions n'est que rarement posée.

De manière significative, les freaks présentés dans les fêtes foraines sont appelés en français des phénomènes, c'est-à-dire « ceux qui apparaissent », selon l'acception grecque ancienne de *phainomenon* « ce qui apparaît ». Il faudra donc décrire phénoménologiquement l'aventure du regard face à ceux qui furent décriés comme freak ; après quoi seulement peut être envisagée la dimension esthétique.

8. Utilisé pour désigner des individus réels, ce terme fut d'une grande violence puisqu'il niait l'humanité de ceux auxquels il se rapportait, comme si le rôle de freak oblitérait tout le reste et en faisait leur vraie nature. Notons que la revalorisation du terme « freak » est récente, datant des années 1960 où elle devient synonyme de subversion et d'avant-garde politique, sociale et artistique.

Le freak est celui qu'on montre du doigt, comme pour prendre un autre à témoin, afin de se rassurer quant à l'(ir)réalité de ce qui se présente à nos yeux. Aussi, le sentiment d'incrédulité prime dans la rencontre avec le freak : il ne devrait pas exister et pourtant il est là. Dans son étude consacrée au regard porté sur le handicap, Rosemarie Garland-Thomson affirme que le voyeurisme est un regard prolongé qui advient lors d'un « frisson visuel », qui nous enjoint à faire sens de l'étrangeté qui se présente à nous [9]. Paradoxalement, fixer du regard renvoie souvent au doute ou à la perplexité : comme si, à force de regarder, on rétablissait l'ordre ordinaire des choses. Excédant toute catégorisation, le freak peine à apparaître, puisque nous ne parvenons pas à le saisir perceptivement. Un corps extraordinaire, comme le souligne Pierre Ancet, peut être perçu comme une illusion. Le membre surnuméraire du freak ne serait qu'une prothèse dissimulée sous les vêtements, voire appartiendrait à une autre personne habilement cachée dans le décor de la mise en scène, la barbe sur un corps perçu comme féminin serait un déguisement posé sur un visage qu'on suppose tout naturellement glabre, la perforation de la chair dans le numéro de fakir reposerait sur un tour de passe-passe qui ne percerait donc pas réellement l'enveloppe de la peau : « l'irruption d'un corps à l'apparence extraordinaire dans le quotidien paraît si aberrante que la première réaction est le plus souvent de chercher l'artifice » [10]. S'ensuit un désir de rectification face au doute quant à la conformité de ce qui est perçu : « ce réflexe de vérification nous permet de corriger au quotidien des apparences trompeuses, en bridant les suggestions de notre imagination » [11].

Ainsi, la vision du freak est l'inverse d'une contemplation. Elle est la recherche d'une excitation, d'une sensation forte comme dans nos parcs d'attractions actuels, eux-mêmes héritiers des freak shows [12]. Si, comme l'écrit Rachel Adams dans son ouvrage séminal sur le freak show et ses reprises contemporaines, « le désir de regarder fixement […] est la principale impulsion derrière le spectacle de freaks » [13],

9. R. Garland-Thomson, *Staring : How We Look*, Oxford, Oxford University Press, 2009, p. 18, 47-49.

10. P. Ancet, *Phénoménologie des corps monstrueux*, Presses universitaires de France, 2015, p. 65.

11. *Ibid.*

12. J.-J. Courtine, « De Barnum à Disney », *Les Cahiers de mediologie* 1, 1996, p. 73-81.

13. R. Adams, *Sideshow USA : Freaks and the American Cultural Imagination*, Chicago, IL, University of Chicago Press, 2001, p. 68 (toutes les traductions sont de l'auteur).

alors le spectacle pourrait ne reposer que sur un plaisir très éphémère puisque s'appuyant entièrement soit sur une première exhibition, soit sur la mise à jour de la supercherie. Un regard essentiellement intéressé peut-il ouvrir sur une expérience esthétique ? L'habituation du regard enlèverait tout intérêt au freak, puisqu'il serait impossible de recréer le moment de la découverte. Pour reprendre le terme de Gilles Deleuze, vouloir regarder un freak ce serait chercher le « sensationnel »[14], tendre vers l'émotion non en raison de sa manière d'apparaître mais en raison de l'objet lui-même. Chercher le sensationnel, c'est chercher uniquement à repaître sa curiosité. Le plaisir pris au spectacle freak se réduirait-il à cette principale impulsion ?

UNE ESTHÉTIQUE DE L'APPARITION

Le spectacle freak répondait à une nécessité de mise en scène du regard, jouant sur le désir d'assouvir la curiosité face à des corps extraordinaires à travers des dispositifs visant à faciliter la vue, tout en se devant de garder toujours un peu du mystère du freak, garant de la pérennité du spectacle. Toujours dissimulé, parfois juste par des calicots dans le cas des spectacles les plus dépouillés, le freak attendait d'être dévoilé aux plus braves qui franchissaient le seuil de la baraque. Si les obstacles séparant le freak du spectateur étaient en eux-mêmes bien fragiles, leur objectif était d'entretenir le plaisir de la transgression, avant d'arriver au clou du spectacle : le freak en lui-même. Comme le note Agnès Curel : « en le dérobant à la vue du plus grand nombre pour n'offrir son image monstrueuse qu'à une poignée de privilégiés, les forains entretenaient une logique de rareté, d'unicité : si la fête foraine est un spectacle de masse, l'exhibition se doit de fragmenter cette foule, et de la faire pénétrer au compte-goutte dans la baraque, pour conserver l'impression de proximité avec le monstre exhibé sur l'estrade »[15].

14. G. Deleuze, Gilles, *Francis Bacon : logique de la sensation*, Paris, La Différence, 1981.

15. A. Curel, « Le théâtre des monstres », *in* S. Dubouilh et P. Katuszewski (dir.), *Formes mineures et minoritaires des arts du spectacle*, Bordeaux, Presses Universitaires de Bordeaux, 2015, p. 78. Je privilégie le terme « freak » pour l'inscrire dans le contexte du divertissement de masse. Si le freak est héritier de la monstruosité au sens où il s'impose dans les foires en lieu et place du monstre, les deux termes ne recoupent pas toujours les mêmes objets. « Monstre » est un terme particulièrement violent pour qualifier, faute de mieux, des personnes à l'apparence perçue comme abominable. Si le freak partage avec le monstre l'idée d'excès, il se démarque

Les calicots qui faisaient office de façade affichaient une représentation plus ou moins fidèle du freak exhibé, soutenu par la harangue préliminaire du bonimenteur qui se chargeait de diriger le regard pour le rendre perméable au portrait romancé qu'il en faisait. C'était là une manière de le rapprocher tout en lui conférant une réalité plus tangible : « le freak s'incarnait peu à peu sous les yeux du badaud. Au-delà de cet attrait visuel, il s'agit également de conditionner le regard par un processus d'anticipation : le freak dessiné est un "freak parfait", comme on peut le montrer grâce aux artifices de l'illustration »[16], poursuit Agnès Curel. Aussi, les « femmes-à-barbe » avaient une barbe encore plus fournie, les « hercules » étaient toujours plus imposants, les « jumeaux siamois » pouvaient se tenir debout, etc. Avant même d'avoir franchi le seuil, le désir est attisé, le regard est aiguillé ; une fois entré, dans l'imaginaire du spectateur coexistaient ainsi l'image idéalisée et la réalité de la personne présentée : le freak *apparaissait.*

Loin de se restreindre à une simple exhibition, le spectacle freak consiste en l'art des forains à faire coexister l'apparence du performeur et les différents dispositifs (affiches, rôle joué par le performeur, boniments), alors même que ceux-ci ne se recouvrent que rarement. Cette discordance volontaire se fait au service de l'apparition du freak, appuyant sa dimension fantaisiste et sa très probable nature fictive. Aussi, les dispositifs de mise en scène adoptaient une double fonction : celle de détourner l'attention du spectateur inquisiteur qui prêterait une trop grande attention aux différents artifices tout en renforçant la réalité du freak à travers une habile direction du regard. À travers ces dispositifs, il était possible pour les forains de travestir toute personne en freak.

Les performeurs « font freak » comme s'ils incarnaient un personnage pour une pièce, écrit Marie Astier dans sa thèse portant sur la mise en scène du handicap : « le freak show n'est pas de l'ordre de la présentation mais de la représentation : les anomalies physiques et intellectuelles ne sont pas simplement exposées, elles deviennent des traits particuliers de personnages à jouer que d'autres reprendront

par l'introduction de mises en scène et de trucages. Le freak correspond à un rôle à interpréter, il est la conjonction d'un corps et d'un dispositif théâtral. Plus encore, les deux termes ne connaissent pas la même postérité : si le freak est revendiqué ou détourné par certains artistes ou militants, ce n'est que très rarement le cas du monstre.

16. *Ibid.*

après eux »[17]. En effet, être très grand, c'est un trait physique ; être un géant correspond à une fonction qui est assignée dans le contexte de la monstration, comme en témoigne la proposition « ça vous dirait d'être un géant ? »[18], faite par l'impresario Clyde Ingall à Jack Earle – jeune homme de deux mètres trente. Ainsi, un regard bien placé, grossissant un trait de l'apparence, pouvait faire resurgir une monstruosité latente présente en chaque individu, mettant ainsi le freak au croisement d'une construction théâtrale et sociale. Le grossissement d'un trait particulier affaiblit l'expression d'ensemble du corps, n'offrant qu'une présence amoindrie de l'individu, ouvrant sur une perpétuelle oscillation du regard qui accompagne le doute entre la perception du corps réel et la représentation qui en est donnée et créant ainsi un effet de faux-semblant. Selon l'historien James Cook, la popularité des spectacles freak découle directement de leur capacité à maintenir une ambiguïté jamais totalement résolue[19], faisant toujours hésiter le spectateur entre une explication rationnelle et le récit mystificateur mis en place par les différents dispositifs ; la question mérite donc d'être posée : les badauds croyaient-ils en leur freak ?

JOUER AU BADAUD

« Le complément nécessaire d'un monstre, c'est un cerveau d'enfant »[20] écrit Paul Valéry, déclarant ainsi que l'intérêt qui peut être éprouvé pour les monstres ne peut être nourri que par un esprit niais, manquant de jugement, incapable de faire la part entre le réel et le fictif. De manière significative, dans le contexte des freak show – parfois présentés comme spectacles de « monstres humains » – il est plus commun de parler de badauds que de spectateurs. Et de fait, les freak shows étaient des lieux de divertissement populaire qui revendiquaient une dimension ludique en jouant notamment sur l'attrait enfantin pour le merveilleux.

17. M. Astier, *Présence et représentation du handicap mental sur la scène contemporaine française*, thèse de doctorat sous la direction d'Anne-Françoise Benhamou, Université Toulouse le Mirail-Toulouse II, 2018, p. 130.

18. R. Bogdan, *La fabrique des monstres*, *op. cit.*, p. 18.

19. J. Cook, *Arts of Deception : Playing with Fraud in the Age of Barnum*, Cambridge, MA, Harvard University Press, 2001, p. 16.

20. P. Valéry, « Au sujet d'Adonis », *Variétés II*, Gallimard, Paris, 1930, p. 81.

James Cook définit le style de Barnum, forain qui transforma les freak shows en divertissement de masse, comme une « supercherie artistique » qui « impliquait un mélange calculé de vrai et de faux, d'enchantement et de désenchantement, d'exhibition publique énergique et de suspension momentanée de l'incrédulité »[21]. Aussi, l'idée d'une supercherie n'était pas absente de l'immersion dans la fiction, mais elle ne l'annulait pas puisque flottements et frictions des artifices mis en œuvre participaient pleinement au plaisir suscité par ce spectacle. Barnum déclarait lui-même : « le public semble disposé à être amusé même lorsqu'il est conscient d'être trompé »[22]. Si l'apparition fait toujours advenir une hésitation face au spectacle présenté, elle participe pleinement à l'expérience spectatorielle. Le doute perceptif face au corps extraordinaire se rejoue dans la structure du spectacle freak.

Si certains étaient quelques fois déçus, déplorant que « la promesse du dehors surpasse la performance du dedans »[23], ils se joignaient volontiers à la supercherie en se vantant, auprès d'amis et de connaissances, d'avoir assisté à un spectacle hors du commun, en exhibant à leur tour des cartes de visite illustrées, lesquelles présentaient l'effigie du freak avec un récit biographique ou, plus rarement, un objet ayant prétendument appartenu au freak mis en scène comme une bible miniature pour les « nains » ou une énorme bague pour les « géants » ; devenant ainsi, à leur tour, des personnages du spectacle freak, jouant au badaud hors-les-tréteaux.

Les spectateurs pouvaient ne pas croire aux affirmations du bonimenteur, mais jouer le jeu pour s'amuser, ou pour éviter de gâcher le jeu en faisant remarquer qu'il n'est pas réel. D'autres pouvaient jouer involontairement, en prenant pour argent comptant les affirmations du bonimenteur. Nous pouvons donc penser que les spectateurs se prêtaient au jeu du spectacle selon un faire-semblant au sein d'une connivence connue et acceptée de tous : comment comprendre une telle position et que peut-elle nous dire du plaisir esthétique pris à ces spectacles ? Kendall Walton soutient que chaque fois que nous nous engageons dans des œuvres représentatives – qu'il s'agisse de romans, de films, de peinture, voire de pièces de théâtre – nous jouons à

21. J. Cook, *James*, *op. cit.*, p. 16.
22. Ph. T. Barnum, *The Life of P.T. Barnum* [1855], Londres, Routledge & Sons, 1889, p. 153.
23. R. Bogdan, *La fabrique des monstres*, *op. cit.*, p. 97.

faire-semblant[24] : la réussite du spectacle consiste en la capacité du spectateur à se comporter comme si les contenus représentés par l'œuvre étaient vrais, tout en reconnaissant, simultanément, son caractère fictionnel.

Illustrons cela par un exemple : imaginez une enfant qui joue avec sa mère. La mère enfilant des gants rouges fait croire qu'elle est un monstre aux griffes acérées, et chaque fois qu'elle s'approche de sa fille, celle-ci crie et s'enfuit. Elle feint la peur pour le plaisir et l'amusement, joue à faire croire qu'elle est menacée par un monstre et agit en conséquence de la manière qui lui semble la plus adéquate. L'enfant n'a pas réellement peur et ne fait pas réellement face à un monstre, même si elle se comporte tout comme. Au sein d'une expérience esthétique, le cadre fictionnel permet de prendre plaisir face à des objets ou situations qui autrement nous seraient insupportables, il permet de les mettre à distance et d'en faire des objets de contemplation. L'émotion qui aurait été ordinairement ressentie est altérée pour devenir, comme la nomme Walton, une « quasi-émotion », rendant possible l'émotion esthétique en situant l'objet[25] dans le cadre sécuritaire de la fiction, mis à distance de sorte à ne pas troubler le spectateur. Le plaisir du spectacle freak découlerait-il de la même démarche enfantine consistant à se faire peur ? Le spectacle freak comporte cela de plus troublant, dépassant ainsi la proposition de Walton, qu'il met en exergue la tension entre le réel et le fictif, mettant le jeu de faire-semblant lui-même en péril. Contrairement aux propositions de Walton, le spectacle freak ne pose pas le corps dans un cadre fictionnel délimité, son pouvoir d'attraction réside en la capacité du spectateur à se demander « et si c'était réellement vrai ? » ou pire encore « et si c'était moi ? »[26]. En cela, le spectacle repose sur la même menace que porte l'idée de monstre, sa possibilité effective.

24. K. L. Walton, *Mimesis as Make-Believe : On the Foundations of the Representational Arts*, Cambridge, MA, Harvard University Press, 1990.

25. C. Bouriau, *Le comme si*, Paris, Cerf, 2013, p. 182.

26. Le corps difforme cristallise l'angoisse d'avoir pu naître ainsi ou de soi-même engendrer un enfant difforme. Il nous fait ressentir dans notre propre chair la proximité avec le monstre.

VERS LA RÉ-APPARITION. É/PREUVE : LE PUBLIC FACE AU FREAK

La quête de l'illusion vraisemblable trouva son apogée dans l'invention du cinématographe, qui participa au déclin des freak shows [27]. Dans les mots de Jean-Jacques Courtine, celui-ci n'est que

> l'aboutissement d'une longue série d'innovations technologiques qui ont renouvelé la production d'illusion optique tout au long du XIXe siècle : succès des panoramas et des dioramas, invention de la photographie, reproduction mécanique et foisonnement des images, émergence de la publicité, mais aussi des « fantasmagories » des passages et des grands magasins, vues panoptiques des exhibitions universelles, canalisation des regards dans les musées [28]…

Après l'échec, en 1932, du film *Freaks* (*La Monstrueuse parade*) de Tod Browning [29], le freak cède sa place à des créatures purement fictionnelles. Forts des nouvelles possibilités que leur offrait le médium, les réalisateurs substituent aux freaks d'autrefois les vampires, les créatures mutantes et les zombies. Depuis, les monstres n'ont plus quitté le grand écran, apparaissant toujours plus nombreux grâce aux effets spéciaux qui permettent de générer les formes les plus fantasques, tout en reposant sur des exigences de vraisemblance toujours plus poussées. Paradoxalement, cette course effrénée vers le réalisme a fini par éveiller le mécontentement des amateurs du genre lassés de voir l'horreur s'adoucir [30]. Face à cette surenchère de distanciation produite par les écrans, Carrie Sandahl souligne un « désir d'identifier et de posséder une expérience corporelle "authentique" qui hante ceux qui

27. De plus, avec l'émergence de la notion moderne de handicap comme nouvelle catégorie pour comprendre le corps anatomiquement différent, le regard sur le corps s'est moralisé. La différence anatomique devient l'objet de préoccupations strictement médicales attachées à sa rééducation, l'exhibition publique est désormais perçue comme dégradante.

28. J.-J. Courtine, « De Barnum à Disney », art. cit., p. 73-81.

29. T. Browning, *Freaks*, Beverly Hills, CA, Metro-Goldwin-Mayer, 1932.

30. « Le numérique adoucit le cinéma gore » or, « le gore a besoin d'être incarné », de « passer par la matière », souligne Philippe Rouyer. Cette tension entre numérique et organique, nous pouvons l'étendre au cinéma de monstres puisqu'eux aussi apparaissent comme désincarnés, ne pouvant plus faire appel au dégoût et à l'angoisse qu'ils devraient susciter. Paradoxalement, cet aspect organique rend plus apparent l'artifice, il rend l'expérience plus poignante. Voir P. Rouyer, « Le sang à l'écran : épisode 2/4 », *Les Chemins de la philosophie*, Série « Philosophie du gore », *France Culture*, 12 septembre 2019, 17 : 45-*18 : 15*, https://www.radiofrance.fr/franceculture/podcasts/les-chemins-de-la-philosophie/le-sang-a-l-ecran-2279817 [consulté le 09/01/2023].

se sentent insatisfaits de l'hyperréalité brillante des images générées par ordinateur, de la télévision, de la photographie et du cinéma »[31]. Aussi, à la suite de Rachel Adams nous pouvons nous demander si l'engouement porté à l'image ne commence pas à s'estomper[32], ce qui participerait à la renaissance des spectacles freak et à l'avènement d'une nouvelle esthétique du spectacle freak. Interrogeons la place de la corporéité dans les freak shows contemporains.

Loin d'être des reliques du passé, les freak shows continuent de fonctionner, exhibant des personnes présentées comme hors-normes dans une mise en scène désormais volontairement subversive, soulignant l'artificiel au fondement des catégorisations sociales. Détournant les numéros classiques, la rigidité des rôles, ils tendent vers un spectacle fondé sur l'illisibilité du corps et donc à l'impossible rattachement à une identité normative.

« Ils sont là, ils sont réels et ils sont vivants ! »[33], telle est la promesse faite sur le site internet du *Sideshow by the Seashores*, à Coney Island, un freak show contemporain. Le slogan « *Alive !* » (Vivant !) est depuis longtemps un moyen de commercialiser les phénomènes présentés : voir le freak en mouvement ou interagir avec l'audience fonctionne comme une preuve irréfutable de sa véracité. Slogan qui n'est pas sans faire écho à l'expression popularisée par le célèbre film de monstre *Frankenstein*, « *It's alive !* », dont les freak shows contemporains reprennent les codes mais qui peut ici, contrairement au film, faire sous-entendre *it's live*, c'est en direct, cela se produit sous vos yeux.

Parmi les performeurs, Xander Lovecraft, un homme de petite taille déjà habitué des spectacles burlesques, dont le numéro est celui du clou dans la tête, un numéro classique des freak shows. Dans son travail comparatif des spectacles de freak, burlesque et circassien, Jonas Eklund retrace le numéro :

> « Je vais m'enfoncer dans la tête ce clou en acier solide de trois pouces à l'aide de ce marteau Stanley de 13 onces », explique Xander. Il poursuit en plaisantant sur le fait qu'il voudrait dire que son numéro

31. C. Sandahl, « The Jim Rose Circus Side Show : Representing the Postmodern Body in Pain », dans P. Tait et K. Lavers (dir.), *The Routledge Circus Studies Reader*, London, Routledge, 2020, p. 270.

32. R. Adams, *Sideshow* USA, *op. cit.*, p. 218-219.

33. « They're here, they're real and they're alive ! », https://www.coneyisland.com/coneyislandcircussideshow [consulté le 12/02/2023].

> est sponsorisé par Stanley, une célèbre marque américaine d'outils, mais qu'il n'en a pas le droit, car il n'est apparemment pas un bon représentant de leur marque, « du moins, c'est ce que dit le procès ». Son boniment crée une atmosphère ludique. Xander lèche le clou pour le préparer au numéro et nous dit de ne pas essayer cela à la maison, c'est dangereux, et qu'il est en fait « un professionnel [courte pause] de l'idiotie ». Autour de moi, j'entends des rires, et je m'y laisse prendre[34].

Le rire et la dérision ont ici pour fonction de renvoyer l'objet dans l'espace bien circonscrit de la fiction ludique. Le renvoi à des références communes pour le public américain (tant les outils Stanley que les procès intempestifs) participe à un sentiment de connivence, qui rend la situation presque familière, que les spectateurs étendent volontiers à la supercherie à venir, pensant être « dans le coup ».

> Il plante le clou dans le nez et commence à taper dessus avec le marteau. Cela produit un bruit de métal qui s'entrechoque et qui est amplifié par le système de sonorisation. J'entends les spectateurs émettre des bruits de dégoût en se tortillant et en détournant le regard. Au même moment, je ressens un sentiment de dégoût, mon estomac se retourne, murmure comme s'il était vide, et instantanément mon corps devient l'objet intentionnel qui retient toute mon attention[35].

Rupture de l'illusion, le jeu n'en est pas un et la réalité du performeur freak *réapparaît* avec d'autant plus de vigueur. Le corps déborde du cadre fictionnel dans lequel le boniment l'avait inscrit. Il est là, impossible de le remettre à distance. Jonas Eklund souligne la réaction viscérale produite par le numéro et la manière dont le vécu du corps propre monopolise son attention. Précisons cet aspect.

L'être-au-monde d'une personne se caractérise par un oubli de soi ; au fur et à mesure que la perception s'étend vers l'extérieur, le corps lui-même disparaît de la conscience, au lieu d'y figurer en tant qu'objet intentionnel distinct. De même, le fonctionnement interne du corps disparaît en grande partie de l'expérience consciente. Cette disparition s'étend à la capacité humaine de bouger et d'agir. Il s'agit d'une assurance implicite dans ses capacités physiques, exprimant

34. J. Eklund, *The Sensational Body : A Spectatorial Exploration of the Experience of Bodies on Stage in Circus, Burlesque and Freak Show*, thèse de doctorat sous la direction de Meike Wagner et Camilla Damkjær, Université de Stockholm, 2019, p. 226.

35. *Ibid.*, p. 226.

une interaction fluide et sans faille entre les corps, les objets et leur environnement. Le corps revient au premier plan de la conscience avec l'expérience de la douleur, de la maladie, où dans toutes situations où le corps est vécu sur le mode de l'impropriété, entendu comme une dissociation entre soi et son corps. Pourtant, ici, cette situation proche de la maladie découle d'une rencontre : comment l'expliquer ?

Merleau-Ponty affirme clairement que je peux reconnaître autrui en tant qu'*alter ego* en raison de notre forme corporelle commune qui me permet d'établir une correspondance entre mes capacités corporelles possibles et celles qui s'expriment dans le corps d'autrui. De même que je peux m'orienter dans mon propre corps sur le mode du savoir absolu, en saisissant l'évidence du rapport entre mes différents membres (je n'ai pas besoin de chercher ma main pour savoir où elle se trouve), de même je peux m'orienter dans le corps d'autrui et avoir l'impression de savoir ce qui s'y passe. « Qu'il s'agisse de mon corps ou du corps d'autrui, je n'ai pas d'autre manière de connaître le corps humain qu'en le vivant »[36] : aussi peut-être pour découvrir le mystère du corps, que celui-ci soit extraordinaire ou non, il me faut l'éprouver, le vivre comme de l'intérieur.

Pierre Ancet précise la sensation ressentie devant un spectacle similaire : « la performance de l'avaleur de sabre trouble la conscience du corps en touchant aux profondeurs d'un espace interdit au contact ordinaire et peut déclencher une nausée involontaire »[37]. Aussi, face au spectacle de Xander, on s'imagine les membres de l'audience ressentir comme dans leur propre corps le froid du métal, passant du nez à la gorge, et son répugnant chatoiement. À travers le regard, c'est notre propre espace phénoménal qui est atteint, l'acte devient invasif et souligne la présence organique du corps en mettant en péril la quiétude de sa forme. Cette résurgence de la matérialité du corps du performeur trouble le cadre fictionnel qui devait le contenir. Comment la *ré-apparition* du corps du performeur se dédouble-t-elle dans sa ré-apparition dans le corps du public ?

Le spectacle freak s'impose comme une épreuve corporelle, preuve de sa réalité. Si les yeux peuvent tromper, la sensation viscérale ne ment pas. On serait tenté de croire qu'il s'agit là d'un échec de la représentation : les spectateurs détournent les yeux, grimacent.

36. M. Merleau-Ponty, *Phénoménologie de la perception*, Paris, Gallimard, 1945, p. 231.

37. P. Ancet, *Phénoménologie des corps monstrueux*, *op. cit.*, p. 144.

Mais le bonimenteur a tôt fait de récupérer ces réactions pour en faire une partie intégrante du spectacle. « Vous avez payé pour ça ! Ne montez pas sur vos grands chevaux maintenant ! »[38] scande Xander à la vue des réactions du public. On a pu voir comment la capacité du bonimenteur à instaurer et développer ce monde fictionnel était accompagnée par un ancrage dans une réalité tangible. Ici le boniment, livré par le performeur freak lui-même, appartient à l'espace fictionnel où il *apparaît* tout en se plaçant du côté des spectateurs pour dédoubler leurs réactions, lorsque le corps *ré-apparaît*. Aussi, comme le note Agnès Curel, « le bonimenteur est au cours de l'exhibition un acteur péri- et intra-dramatique, il peut côtoyer l'image scénique [...] puis revenir vers le spectateur »[39]. Si d'aventure le spectacle venait à nous faire détourner le regard, l'oreille se substituerait à l'œil.

La continuité du spectacle se met au service de la continuité des corps. Le jeu du faire-semblant permettait la mise à distance du corps extraordinaire du freak (ou sa possibilité), de le renvoyer dans l'espace délimité de la fiction ludique. Une distance, nous l'avons vu, aussi nécessaire pour ouvrir la possibilité d'une expérience esthétique à travers les « quasi-émotions » de peur et d'émerveillement provoquées par l'apparition du freak que pour supporter la vue d'un corps qui serait potentiellement réellement perçu comme monstrueux, sans que celui-ci contamine notre propre vécu du corps. L'impossibilité de se détourner se place ici au service d'une vision politique et subversive qu'adoptent les freak shows, empêchant le spectateur de mettre le corps freak à une distance contemplative, comme pour préserver sa propre normalité. L'évidence de la proximité est donnée dans la sensation. Ainsi, la rupture du jeu dans le spectacle freak contemporain fait taire l'incertitude quant à son statut de réalité, et rompt avec le rôle du freak imposé aux corps hors-normes afin d'affirmer la présence de soi face à une différence spontanément perçue.

Les freaks ne jouent pas seulement un spectacle devant un public, mais le public est un élément du spectacle. Fred Siegel, universitaire et ancien employé de cirque, affirme que « le cirque est un théâtre des tripes ; un lieu viscéralement émoustillant où les artistes violentent

38. J. Eklund, *The Sensational Body*, *op. cit.*, p. 226.

39. A. Curel, *Une voix en métamorphose. De l'art du boniment au bonimenteur en scène : enquête sur une mémoire sonore du théâtre*, thèse de doctorat sous la direction de Marie-Madeleine Mervant-Roux, Sorbonne Paris Cité, 2018.

leur corps avec des pointes, des sabres et du feu et quittent l'estrade indemnes »[40]. Bien que parlant du cirque, cette affirmation peut être étendue aux spectacles freak. Cette expérience viscérale de la performance est ressentie dans la chair, ancrant la réalité du freak dans le vécu du corps. Les réactions du public font partie de la fiction générale, même si les raisons pour détourner le regard ne sont pas toujours fictionnelles, comme ici : c'est le dégoût réel, suscité par la *ré-apparition* du freak, qui a créé la co-présence que la fiction du freak aurait dû déjà inspirer. Le spectacle freak contemporain repose sur une épreuve affrontée par la communauté des spectateurs, avec le freak-bonimenteur. Comme le souligne Carrie Sandahl : « [un] spectateur ne rencontre pas seulement la corporalité des artistes, mais aussi la matérialité de l'autre membre du public »[41] ; la *ré-apparition* tient aussi à celle des corps des membres du public.

Au freak show, comme au théâtre, je ne vais pas uniquement pour voir, mais aussi pour être vue : les autres spectateurs, étant eux-mêmes éprouvés, sont pris à témoin de la réalité du freak et de leur propre présence par le redoublement de leur réaction par les autres spectateurs. En participant au spectacle, les membres de l'audience, par les affects qu'ils expriment, ont la possibilité d'influer sur le déroulement du numéro dont, par leur présence, ils font partie. Les forains encouragent explicitement cette déstabilisation de la relation entre le freak et le spectateur en brisant la séparation apparemment rigide entre la scène et le public ainsi que la démarcation ferme entre le fictif et le réel, entre le freak et le normal.

40. F. Siegel, « Theatre of Guts : An Exploration of the Sideshow Aesthetic », *TDR* 35/4, 1991, p. 108.

41. C. Sandahl, « The Jim Rose Circus Side Show », art. cit., p. 270.

CONCLUSION : VERS UNE APPRÉCIATION DU TROUBLE

L'image des freaks malheureux, d'un John Merrick, « l'homme-éléphant », ou des « nains » que présente *Freaks / La monstrueuse parade*, a sans doute déteint sur notre vision des spectacles freak pour ne les réduire qu'à une exhibition fondée sur l'exploitation d'une population vulnérable à des fins de profits et de divertissement, ne reposant que sur le plaisir voyeuriste des badauds. Une image pénible rend difficile une analyse réellement esthétique fondée sur la part ludique qu'ils pouvaient comporter. Pourtant, celle-ci est nécessaire pour comprendre la résurgence du freak show afin de délimiter le plaisir spécifique à ce type de spectacle et la théâtralité particulière qu'il offre.

À travers l'idée de ré-apparition, nous avons interrogé la tension entre factualité et fiction inhérente à l'appréciation du spectacle de freak et la manière dont cette tension se solde en l'épreuve de l'illusion.

Le freak est originellement une figure non-identifiable qui trouble le regard, qui se trouve codifiée selon des rôles afin de permettre une lecture des corps selon un cadre normatif. Si la construction du freak répond à un imaginaire social, celui-ci tient tout autant d'une esthétique de l'apparition, située entre déictique et phénoménologie : aussi n'y a-t-il pas de freak en tant que corps en soi, mais dans la somme des artifices convoqués qui le fait advenir. Cette apparition tient d'un mélange de boniments et de mise en scène, tous deux visant à diriger le regard et invitant le spectateur à éprouver l'illusion crée. Les spectateurs ne sont que rarement dupes mais se laissent porter par le soupçon d'une supercherie.

Que se passe-t-il lorsque l'illusion n'en est pas une? Si la représentation est troublée, elle n'est pas interrompue pour autant. Le corps du performeur ré-apparaît dans le réel relationnel et son numéro s'impose dans une réalité tangible qu'on ne peut renvoyer vers la fiction. De la ré-apparition nous pouvons dire qu'elle incorpore le public à la scène théâtrale. Elle fait du spectacle freak une épreuve vécue en communauté grâce à l'insistance sur la matérialité du corps et à leur prise en compte dans le boniment qui crée continuellement l'apparition du freak.

Une telle conclusion contraste avec l'opposition soulignée par Robert Bogdan : si l'esthétique de l'*apparition* opposait forains, performeurs et tous ceux qui étaient « dans le coup », la ré-apparition n'opère pas de telle séparation. Lorsque le corps du freak ré-apparaît c'est pour s'inscrire dans le réel relationnel, qui nie toute forme de distanciation, et qui s'étend à l'ensemble de l'audience. Le plaisir pris au spectacle freak repose donc sur l'introduction d'un trouble en son sein, qui traduit une oscillation entre fiction et factualité, déstabilisant le jeu des distances entre le corps réel du performeur et le corps propre des spectateurs. Ce trouble permet de faire durer l'équivoque qui se joue dans la rencontre réelle avec un corps perçu comme hors-normes, afin d'éprouver l'hésitation perceptive, sans réduire celle-ci à la satisfaction d'une impulsion voyeuriste.

PISTES, REVUE DE PHILOSOPHIE CONTEMPORAINE 5 (2024)
190 p., ISBN : 978-2-7116-8429-8, p. 65-83, VRIN.

Embarqué·e·s dans le kayfabe *: comprendre et apprécier le catch*

Lisa JONES
traduction par Thomas MORISSET

INTRODUCTION

Le catch, ce divertissement sportif exubérant et populaire suivi par des millions de personnes à travers le monde, se distingue par l'étrangeté de son mode d'appréciation[1]. Les fans de sport les plus rigoureux ont tendance à l'éviter, en invoquant sa prétendue « fausseté » pour expliquer leur absence d'intérêt[2], et, lorsque quelqu'un admet qu'il ou elle est fan de catch, cela lui attire souvent des regards perplexes, comme si cette pratique ne pouvait pas vraiment être prise au sérieux. En effet, le catch n'est pas à proprement parler un sport

1. Par « catch », il faut entendre le phénomène commercial de lutte-spectacle professionnelle, dont la version la plus connue est probablement celle de la fédération nommée WWE (World Wrestling Entertainment). Le produit de la WWE sera ce que j'ai en tête ici, bien qu'il faille noter qu'il existe bien d'autres promotions et que le catch existe, sous une forme plus ou moins identique, dans de nombreux pays.

2. L'une des expressions les plus usitées de l'article est celle d'« *engagement with wrestling* » qui ne désigne pas seulement le fait de regarder du catch, mais qui est un terme générique pour le fait d'entrer en relation avec le catch en tant que spectateur. Ne disposant pas en français d'un terme aussi plastique, j'ai préféré, plutôt que le recours systématique à la locution « entrer en relation » qui aurait été fort artificielle, traduire, selon le contexte, par « s'intéresser, choisir de s'intéresser, entrer en relation », voire par « fréquentation » (N.d.T.).

(quoiqu'il entretienne par certains aspects une relation étroite avec le sport). Malgré cela, les fans de catch ont souvent exactement le même comportement que les fans de sports traditionnels : dans les gradins, ils encouragent et ils huent, ils bondissent sur leur siège, crient de toute leur force, prennent leur tête entre leurs mains ou brandissent ces dernières, exactement comme le feraient des spectateurs de football ou de boxe[3]. Même lorsqu'ils en regardent chez eux, à la télévision, les fans peuvent encore exhiber un tel comportement, peut-être de manière plus retenue. De prime abord, pareil comportement semble énigmatique puisque le catch n'est pas un « vrai sport » : qu'est-ce qui rend les fans si excités ? Comment peuvent-ils être autant transportés par quelque chose d'aussi chiqué ?

Cependant, cette énigme superficielle ne se pose qu'à cause de cette conception erronée du catch comme d'un « faux sport ». Dès que l'on amende cette vue et que l'on considère le catch pour ce qu'il est véritablement, l'attitude des fans n'est plus du tout surprenante. Une étude attentive et serrée du phénomène qu'est le catch permet même de soutenir la chose suivante : il est plus sensé pour les fans de cette forme de divertissement d'être passionnés par elle que pour les fans de sports d'être transportés par et investis dans les vicissitudes de leur équipe ; cela montre aussi que la nature de la relation des fans à ce phénomène est complexe, stratifiée et sophistiquée, tout en s'appuyant sur une pratique humaine fondamentale.

Dans ce qui suit, j'expliquerai d'abord quel genre de phénomène est le catch, ce qui rendra apparent le type d'appréciation qu'il réclame. Je discuterai ensuite de manière plus détaillée les différents niveaux d'appréciation et d'engagement que le catch entraîne, depuis ses plaisirs sensibles basiques jusqu'à ses thèmes dramatiques plus profonds, son invitation à un jeu d'imagination complexe et ses opportunités pour l'interaction. En dressant ce tableau complet, je montrerai que, lorsque les fans de catch s'adonnent à ce passe-temps, ils participent à une activité imaginative fondamentalement humaine qui est extrêmement gratifiante et comporte une valeur esthétique certaine.

3. Pour se convaincre de cela, voir cette galerie d'images de la WWE montrant les réactions du public lorsque l'invincibilité légendaire de l'Undertaker à Wrestlemania (21 victoires de rang en autant d'années) a été brisée lors de la trentième édition en 2014 : https://www.wwe.com/shows/wrestlemania/30/wwe-fans-react-to-undertakersstreak-ending-photos#fid-26303024.

« MAIS TU SAIS QUE C'EST FAUX, HEIN ? »

Partons de la conception selon laquelle le catch serait « faux ». Pareille conception est sans doute la réaction la plus commune à laquelle les fans sont confrontés lorsqu'ils révèlent suivre le catch. Le chemin de pensée est le suivant : l'adjectif « faux » serait pertinent car le catch se présente comme un sport alors que l'issue de ses matchs est prédéterminée et que l'action dans le ring est en grande partie chorégraphiée. Puisque le « vrai » sport est authentiquement compétitif – c'est-à-dire qu'il consiste en une compétition honnête pour déterminer le vainqueur et le perdant, issue qui est déterminée par le cours des actions et non préalablement à celles-ci – alors le catch, avec son issue prédéterminée et sa chorégraphie, n'est que du « chiqué »[4].

Ces manières de caractériser le catch sont correctes. Le catch est, pour le dire dans le jargon courant, *scripté*. En effet, les affrontements dans le ring sont planifiés : vainqueur et perdant sont connus à l'avance, tout comme la structure globale du match : les mouvements qui le constituent vont être chorégraphiés dans les grandes lignes, et certains mêmes répétés. Davantage, le *script* ne se limite pas au contenu particulier de tel ou tel match, mais embrasse la trajectoire plus large de chaque catcheur – qui a une série de victoires et qui, une série de défaites, qui est l'*outsider* et qui l'étoile montante, qui devient champion et qui reste un compétiteur de milieu de tableau – toutes ces trajectoires sont planifiées et écrites par une équipe de « créatifs » travaillant en coulisses. Pour accomplir ces trajectoires, les catcheurs ne font pas que catcher : ils interprètent aussi des *promos* – scènes d'auto-promotion qui font avancer l'histoire et qui sont, bien sûr, (plus ou moins) scriptées. Tout cela est vrai. Où est le problème ?

Cela poserait un problème, justifiant l'adjectif péjoratif « faux », si le catch prétendait être, ou se présentait frauduleusement comme, un véritable sport compétitif. Mais, de manière patente, ce n'est pas le cas. Alors que le catch contemporain a pu avoir des origines bien plus

4. Je présuppose que pour qu'une pratique soit un sport « en bonne et due forme » (un « vrai » sport) il doit nécessairement donner lieu à une compétition honnête ; si nous pouvons de temps à autre utiliser le terme « sport » comme une catégorie lâche pour désigner des activités sportives variées (par exemple l'entraînement, le *jogging* et autres), catégoriser une activité comme « *un* sport » nécessite qu'il s'agisse d'une activité régulée, donnant lieu à une compétition athlétique ou d'adresse.

louches, étant à la fois spectacle de foire et jeu de dupes exploitant la crédulité du public, il n'en va plus de même à présent, et ce, depuis longtemps. Le catch ne se présente pas comme un « vrai » sport, et, surtout, il le fait très clairement comprendre – d'une manière si claire, d'ailleurs, qu'il est toujours surprenant que les détracteurs du catch se méprennent à ce point.

Il est publiquement fait référence aux catcheurs comme à des « personnages » ou à des « acteurs »[5]. Leur jeu d'acteur a invariablement un style exagéré et *camp*[6] qui ne laisse aucun doute quant à la nature scriptée de ce qui est regardé. Le spectateur néophyte comprend immédiatement qu'un *monde fictionnel* est à l'œuvre – un monde dont les événements sont présentés sur le mode de la fiction, c'est-à-dire avec l'intention que nous adoptions un comportement fictif face à eux. Il existe même un terme dédié à cet aspect fictif, dans le jargon du catch, le *kayfabe*. Et la conception fondamentale du *kayfabe* est de prétendre que les performances sur le ring et en coulisses sont vraies, qu'il y a d'authentiques rivalités et des combats authentiquement menés, alors que tout cela n'est qu'une performance fictive. Je présenterai plus complètement les rouages de ce monde fictionnel par la suite ; il suffit pour l'instant de comprendre que le catch est une forme de théâtre à laquelle publics et fans choisissent de s'intéresser en toute connaissance de cause. Un public de catch sait qu'il ne regarde pas un « vrai » sport. Il sait qu'il ne regarde pas des compétiteurs engagés dans un conflit – il regarde la *représentation fictionnelle* d'un conflit sportif. Il n'y a guère que les plus petits enfants qui peuvent croire que le catch est « réel », comme ils peuvent croire que le Père Noël est réel – jusqu'à ce qu'ils arrêtent en grandissant et comprennent qu'il s'agit d'une fiction.

Il faut remarquer que, si le catch n'est pas un « vrai sport », beaucoup

5. Par exemple, les *shows* sur le service de streaming de la WWE s'ouvrent toujours par un « avertissement » disant que les catcheurs sont des « personnages de la WWE » qui sont « fictionnels et [qui] ne reflètent pas la vie privée des acteurs les incarnant ».

6. Le terme désigne un style également exagéré, sensible à la fois « à l'échec de la tentative sérieuse » et « à la représentation scénique de l'expérience », comme le dit Susan Sontag. Cela entraîne à la fois un goût pour l'exubérance et en même temps une distance par rapport à l'ambition signifiante de cette exubérance même. Pour une présentation détaillée de cette « sensibilité » complexe, voir donc l'article de S. Sontag « Le style "camp" » [1964], dans *L'œuvre parle. Œuvres complètes V*, trad. fr. G. Durand, Paris, Christian Bourgois éditeur, 2010, p. 421-450 (N.d.T).

de choses y gardent un caractère sportif. Une dénomination souvent utilisée pour catégoriser le catch est celle de « sport-divertissement », et cela semble pertinent tant que l'on comprend le terme « sport » comme un adjectif qualifiant le nom « divertissement ». Cela se justifie en partie par la prétention fictionnelle fondamentale que les moments de lutte sont de véritables compétitions sportives, et en partie par les réquisits athlétiques de cette pratique. Les stars du ring que sont les catcheurs peuvent être décrites comme des acteurs ou comme des saltimbanques, mais ils sont sans aucun doute aussi des athlètes – leur condition physique, leur entraînement et leur discipline sont impeccables. Puisqu'ils infligent régulièrement à leur corps des épreuves physiques extrêmes, ils sont également exposés aux blessures comme les sportifs et sportives, ou dans le champ des arts de la performance, comme les danseurs et danseuses. De plus, il est certain que leur discipline est un savoir-faire – cela demande une grande compétence de catcher, non pas seulement pour apprendre à effectuer des mouvements sur le ring, et à les « vendre » (c'est-à-dire, les effectuer d'une manière qui alimente la prétention fictionnelle que ce sont de « vrais » mouvements de combat), mais aussi pour faire tout cela *sans* blesser son adversaire, et en maintenant un style théâtral qui prend en compte la foule des spectateurs. Catcheurs et catcheuses doivent être à la fois des athlètes accomplies et avoir un sens aiguisé du spectacle. Tout cela demande un large panel de compétences qui prennent des années à être perfectionnées.

Il devrait être clair, à présent, que voir le catch comme un faux sport nous dupant en se faisant passer pour vrai est une erreur. Il s'agit bien plutôt d'une manière scriptée et athlétique de raconter des histoires, qui prend place dans un monde fictionnel comportant des personnages entrant en conflit avec d'autres, luttant pour des titres et jouant des affrontements au dénouement prédéterminé qui, bien que chorégraphiés, n'en réclament pas moins des compétences physiques, athlétiques et du métier. En comprenant le catch de la sorte, il est plus facile de voir pourquoi des fans et des spectateurs font le choix de s'y intéresser : pour les mêmes raisons, par exemple, qui font que les gens vont au théâtre ou regardent une série télévisée. Ils font ce choix pour y trouver les satisfactions que l'on trouve en général lorsque l'on se rapporte à des histoires mises en scènes – c'est-à-dire des satisfactions esthétiques, émotionnelles et cognitives. Et la forme de leur appréciation sera similaire aux formes d'appréciation de ces histoires mises en scène – similaire, mais avec quelques détails propres au catch. Ces satisfactions liées à la manière de se rapporter au catch et à ses modes d'appréciation vont être examinées dans les sections suivantes.

QU'EST-CE QU'ON VIENT DE VOIR ? FEUILLETONS, SPECTACLE ET SIGNES

La relation au catch et son appréciation se déploient sur une variété de niveaux, comme dans les autres arts narrant et jouant des fictions. À un niveau élémentaire, il y a le simple plaisir esthétique occasionné par les aspects athlétiques et visuels des performances et des artifices. Cela comprend, d'une part, le plaisir pris à la spectacularité flamboyante du catch, ce qui inclut les costumes, les lumières, la pyrotechnie et la musique, et, d'autre part, les performances corporelles exaltantes des catcheurs et catcheuses qui virevoltent à travers le ring en exécutant leurs mouvements maîtrisés et chorégraphiés. Il y a une part de beauté et de grâce dans l'exécution parfaite d'une *slingblade*, d'un *moonsault* ou d'un *super-plex*, pour ne nommer que quelques mouvements classiques, et le public a parfois le souffle coupé par les seules prouesses physiques des athlètes. Certains mouvements sont simplement beaux à voir, comme c'est le cas dans de nombreux sports – même si dans le cas des « vrais » sports, la beauté d'un mouvement tend à être accidentelle par rapport à sa fonction et au résultat escompté. Par contraste, la beauté des mouvements de catch fait partie de la fonction des mouvements, qui est de représenter le combat d'une manière artistique et athlétique ; elle est de ce point de vue davantage comparable à la beauté de la danse, dans laquelle représentation, expression et arrangement formel plaisant sont volontairement combinés.

Les aspects athlétiques et visuels peuvent donc entraîner chez le public un plaisir esthétique pour la surface du catch. Mais ce n'est pas tout ce qu'ils font ; ils sont bien sûr aussi le véhicule fondamental des éléments narratifs et dramatiques qui constituent, somme toute, le cœur du catch. Dans le ring, et en dehors de celui-ci, des histoires sont racontées. Chaque affrontement prend place dans le contexte d'une rivalité en cours ou d'un autre type d'histoire, contexte à l'intérieur duquel les affrontements physiques sont reliés, prennent corps et sont magnifiés par les *promos*. Les histoires dépassent largement le cadre restreint du ring et la durée des matchs, et il n'est pas seulement possible, mais courant, que certaines s'étendent sur plusieurs années. Raconter ainsi une histoire sur le long terme rend particulièrement pertinent le rapprochement avec les feuilletons – et en effet, l'une des appellations que le catch a pu recevoir au fil des ans est « feuilleton pour hommes ». L'aspect feuilletonesque tient à l'entremêlement d'histoires aux contours lâches pour chaque catcheur et catcheuse, narrant sa tentative de gravir les échelons du monde du catch, ses bonnes et mauvaises fortunes, émaillées de rivalités qui débutent, se développent et s'acheminent vers une fin, avant de reprendre de plus belle.

C'est un contexte dramatique captivant, même si les fondements dramatiques sont, il faut l'admettre, plutôt simplistes. La narration repose sur une dynamique basique de conflit entre le bien et le mal – ou, pour le dire avec les termes du catch, entre les *babyfaces* (ou simplement *faces*) et les *heels* –, conflit à partir duquel se développent des trajectoires narratives. Ces trajectoires sont le plus souvent des intrigues en forme de quête, durant lesquelles les personnages combattent pour passer de l'obscurité au titre de champion, en surmontant des obstacles et des ennemis ; et ces trajectoires impliquent souvent des retournements de situation, durant lesquels des personnages d'abord gentils deviennent méchants (le diabolique *heel turn*) et *vice versa* (le *face turn*). Ces histoires éternelles sont racontées à l'envi, à chaque génération de catcheurs.

Si ces histoires basiques peuvent faire apparaître le catch comme simpliste en termes d'intrigue – sans doute plus simpliste que les feuilletons et certainement plus simpliste que les drames sérieux – cela ne signifie pas que le catch est impuissant à attirer un public et à l'enthousiasmer. La sophistication de l'intrigue n'est pas la seule mesure de l'attrait pour un drame narratif. Il y a deux autres caractères du bon drame classique qui sont présents à un degré considérable dans le catch et qui rendent son appréciation plus complexe. Ce sont sa forme spectaculaire et ses thèmes profonds.

Considérons la manière qu'ont les histoires catchesques d'être racontées ou, bien plutôt, montrées. Le catch prend place sur une vaste scène, devant des milliers de spectateurs, et est pensé spécifiquement pour ce genre de conditions [7]. En ce sens, comme forme théâtrale, il est sans doute plus proche de la tragédie antique que du drame moderne ; il constitue – pour utiliser la terminologie choisie par Roland Barthes – une sorte de *spectacle* [8]. Dans son article, Barthes s'intéresse avant tout à la sémiotique du catch, mais en plus de mettre en lumière les signes qui s'y lisent, il propose plusieurs thèses pertinentes quant à sa nature et à sa valeur artistique. En particulier, il pense le catch comme un « spectacle » – une forme spécifique de drame qui, par l'usage de gestuelles outrées, communique des thèmes profondément humains. Le catch est, selon ses mots, un « spectacle excessif » dans lequel « on trouve une emphase qui devait être celle des théâtres antiques » [9].

Il est crucial de comprendre le catch comme cette sorte spécifique de drame narratif, ou de spectacle, dans la mesure où cela nous amène à ré-évaluer ce qui était d'abord apparu comme un jeu d'acteur excessif et peu raffiné. Catcheurs et catcheuses peuvent d'abord apparaître comme de piètres comédien·ne·s, surjouant tellement que cela en devient gênant, *jusqu'à ce que* nous réalisions que leur art est celui du spectacle, et non celui du drame contemporain habituel. Leur art « tient son originalité de tous les excès qui en font un spectacle et non un sport » [10]. Leurs performances, loin d'apparaître excessives et surfaites, ce qu'elles seraient dans un théâtre ordinaire, ont une autre cible et une autre échelle – celles du stade, où tout signe doit être suffisamment clair pour être compris immédiatement :

> Le geste du catcheur vaincu signifiant au monde une défaite que, loin de masquer, il accentue et *tient* à la façon d'un point d'orgue, correspond au masque antique chargé de signifier le ton tragique du spectacle. Au catch, comme sur les anciens théâtres, on n'a pas honte

7. Il faut noter que le catch est également un produit télévisuel, en même temps qu'il est un produit pour les stades, et cette dualité de médium donne lieu à deux types d'expérience pour le spectateur. Une analyse de cette amphibologie du catch pour elle-même serait intéressante, mais excède le propos de cet article. En ce qui concerne ce dont traite cette section, l'aspect télévisuel ne contrevient pas à la nature spectaculaire du catch telle qu'elle est présentée – l'expérience perd en aspect communautaire lorsqu'elle est visionnée ente quatre murs, mais sans que cela empêche de tirer quelque chose du spectacle et de ses thèmes.

8. R. Barthes, « Le monde où l'on catche » [1957], dans *Mythologies*, Seuil, Paris, 2014, p. 13-25. Le texte parle ouvertement des salles de catch parisiennes des années cinquante, mais ses analyses restent pertinentes pour le catch contemporain.

9. *Ibid.*, p. 13.

10. *Ibid.*, p. 22.

de sa douleur, on sait pleurer, on a le goût des larmes[11].

Comprendre les mimiques des catcheurs et catcheuses comme relevant de la tradition du spectacle entraîne un changement de regard sur le style et les codes de leurs performances, ce qui nous permet de saisir que ces performances sont des expressions réfléchies de thèmes profonds et humains. Les gestes emphatiques des catcheurs et catcheuses font ressortir certaines notions essentielles et profondément humaines. Comme le dit Barthes :

> ce qui est ainsi livré au public, c'est le grand spectacle de la Douleur, de la Défaite et de la Justice. Le catch présente la douleur de l'homme avec toute l'amplification des masques tragiques : le catcheur qui souffre sous l'effet d'une prise réputée cruelle (un bras tordu, une jambe coincée) offre la figure excessive de la Souffrance ; comme une Pietà primitive, il laisse regarder son visage exagérément déformé par une affliction intolérable. On comprend bien qu'au catch, la pudeur serait déplacée, étant contraire à l'ostentation volontaire du spectacle, à cette Exposition de la Douleur, qui est la finalité même du combat. [...] car il faut que tout le monde constate non seulement que l'homme souffre, mais encore et surtout comprenne pourquoi il souffre[12].

La souffrance, la défaite et la justice – ce sont des thèmes qui devaient être familiers pour le public des spectacles antiques, et ne le sont pas moins pour le public contemporain du catch. Ce qui pousse les fans de catch à suivre chaque mouvement de la chorégraphie du match et à réagir à chaque moment critique, c'est que ces moments et ces gestes sont les signes de thèmes qui traversent leur vie quotidienne. Lorsqu'un catcheur *babyface* finit par s'incliner devant l'adversité, le public s'y reconnaît en partie. Les vicissitudes de la vie ordinaire s'inscrivent avec pompe dans le ring, et y assister fait éprouver au fan de catch des moments de catharsis, comme l'éprouvaient les anciens face aux tourments et au tragique de leurs spectacles[13]. Et pour

11. *Ibid.*, p. 15.

12. *Ibid.*, p. 18-19.

13. Quelques exemples pour illustrer cela : (i) les batailles perpétuelles entre le catcheur des années quatre-vingt-dix « Stone Cold » Steve Austin, un personnage de Monsieur-tout-le-monde rebelle, et Président Vince McMahon, infâme figure d'autorité, a fortement résonné chez les ouvriers du public qui avaient l'habitude d'avoir affaire à un patron antipathique, ou d'être à la merci de l'ordre en place – en terme d'afflux d'audience, ce fut l'une des rivalités les

Barthes, le plus important de ces thèmes, « ce que le catch est surtout chargé de mimer, c'est un concept purement moral : la justice »[14].

Que la justice soit le sujet principal ne doit pas nous surprendre, étant donné les histoires basiques de combat entre le bien et le mal que le catch présente. Dans la bataille éternelle entre les *babyfaces* et les *heels*, ces derniers, ne reculant devant aucune vilenie, remportent le plus souvent la victoire, en règle générale grâce à des coups bas obvies et au recours à la triche. Cela crée un déséquilibre dans le monde, qui entraîne chez le public un désir ardent de justice, afin que le méchant ou la méchante reçoive ce qu'il ou elle mérite. Inévitablement, la satisfaction de ce désir va être continuellement ajournée par l'histoire, comme souvent dans la vie, pour le plus grand désarroi du public ; mais, à la fin, celui-ci – et le personnage *babyface* lésé – verront leur vœu exaucé.

L'idée selon laquelle le sujet du catch est avant tout la justice se retrouve chez d'autres critiques et connaisseurs du catch, comme le modeste catcheur Cauliflower Chase Brown, auquel le *New York Times* a consacré une capsule vidéo[15]. Dans ce film, il déclare qu'« il y a dans le catch l'histoire de ce que les choses devraient être. C'est une histoire parlant d'obtenir la réparation que nous croyons mériter. C'est une histoire à laquelle toute forme d'art et toute forme de narration se sont frottées ».

Le catch peut donc être vu comme appartenant à une tradition artistique et narrative antérieure aux formes modernes de drame. La manière qu'a le catch de raconter des histoires est celle de signes exagérés qui manifestent clairement le sens de ce qui arrive aux personnages, et elle nous invite à compatir aux souffrances, à la défaite, à la trahison et à la vengeance qui se jouent dans le ring, pour finalement prendre plaisir lorsque la justice finit par apparaître. Cela justifie l'idée selon laquelle l'on trouve un intérêt esthétique considérable lorsque l'on choisit de s'intéresser à cette manière athlétique de raconter des histoires qu'est le catch car, même si les

plus couronnées de succès ; (ii) après avoir été trahi par son ancien « frère d'arme » Seth Rollins, dans ce qui est peut-être le plus grand *heel turn* dans l'histoire de la WWE, Dean Ambrose a explicitement relié son sentiment de trahison à ceux des membres du public avec ces mots : « L'histoire est plein de gens comme toi, Seth ; *chaque personne dans ce bâtiment connaît quelqu'un comme toi, Seth* – le genre de type qui poignarderait dans le dos son propre frère » (*Monday Night Raw*, épisode 1098, diffusé le 9 juin 2014) (je souligne). Le public approuva bruyamment.

14. R. Barthes, « Le monde où l'on catche », art. cit., p. 20.

15. T. Grant, « The Aria of Babyface Cauliflower Brown », *New York Times*, 11 juillet 2017, https://www.nytimes.com/2017/07/11/opinion/babyface-cauliflower-brownwrestling.html.

histoires sont au fond de simples intrigues impliquant le bien et le mal, elles portent en elles des thèmes incarnant des aspects profonds de l'expérience humaine. Ces thèmes, représentés ou joués devant le public d'une manière exubérante et directe, font advenir chez lui des réponses émotionnelles, allant jusqu'à des effets cathartiques ; en résulte alors cette forme sérieuse de plaisir esthétique que d'autres, et plus légitimes, forme d'arts narratives et dramatiques nous font habituellement sentir.

Mais tout cela ne peut advenir que si le public entre pleinement dans le monde fictionnel. Dans la section suivante j'explorerai les rouages de cette fiction, afin de montrer en quoi le catch installe une relation unique à la fiction.

EMBARQUÉ·E·S DANS LE *KAYFABE* : LE POUVOIR DU FAIRE-SEMBLANT

Il a déjà été dit que le catch est une forme de théâtre auquel le public assiste en toute connaissance de cause, comprenant des performances qui constituent un mode athlétique de narration, en représentant des faits et gestes compris comme fictionnels. En ce sens, donc, notre relation au catch est assez similaire à celle qui s'établit par la lecture d'un livre, par le visionnage d'un film ou par le fait d'assister à une pièce de théâtre. Mais, par d'autres aspects, l'engagement fictionnel avec le catch diffère grandement des autres fictions qui nous sont familières : on peut soutenir qu'il est à la fois plus immersif et plus interactif.

Par « plus immersif », je veux dire que la distance entre nous et la fiction est grandement réduite dans le catch par rapport aux romans, films et pièces de théâtre, entre autres. La différence est marquée même en comparant avec la forme la plus proche, le théâtre. Au théâtre, nous regardons également des acteurs en train de réaliser une performance et raconter des histoires à travers leurs actions, mais nous ne sommes traditionnellement pas considérés comme des parts de la performance – nous sommes derrière le dénommé quatrième mur[16]. Les acteurs sur la scène ne nous « voient » pas et ne nous prennent pas en compte. Nous ne sommes pas des parts de l'œuvre

16. Il existe bien des œuvres théâtrales d'avant-garde ou post-modernes qui incluent leur public – mais il s'agit de l'exception plutôt que de la règle en ce qui concerne le théâtre comme forme artistique.

fictionnelle, mais de simples observateurs de celle-ci. Dans le catch, cependant, les choses sont très différentes. Nous ne sommes pas un public assis calmement derrière un mur imaginaire et qu'on ne remarque pas – nous faisons partie de la performance. Nous jouons le rôle de spectateurs à la fois dans et hors de la fiction. Tim Kail, un critique de catch, a décrit ce dispositif fictionnel, d'une manière, je pense, correcte, comme un « théâtre sans mur » :

> Le catch ne connaît aucun mur. C'est un théâtre sans mur, un type de performance qui essaye d'imiter la réalité si minutieusement qu'il enlève toute apparence d'artifice[17].

Il peut sembler étrange que cette définition puisse être soutenue, vu ce que nous avons dit sur la nature exagérément spectaculaire de la narration catchesque. Un tel spectacle est ostensiblement un artifice, et pourtant on nous parle ici d'enlever l'artifice et d'imiter minutieusement la réalité. Cela devrait constituer une tension majeure, mais pourtant le catch a l'art d'apparaître comme artificiel et de nous faire accepter la prétention fondamentale du *kayfabe* que l'action dans le ring est réelle et non-truquée.

Afin de comprendre comment cela est possible, nous ferions bien de nous rapporter à l'une des plus influentes théories contemporaines de la fiction et de l'art représentationnel, la théorie du faire-semblant de Kendall Walton. Walton soutient que lorsque nous nous rapportons à des œuvres représentationnelles – que ce soient des tableaux, des romans, des films ou des pièces – nous jouons à des *jeux de faire-semblant*[18]. Ces jeux sont des exercices de l'imagination requérant

17. T. Kail, « Pro-Wrestling is an Art... But It's Better When Wrestlers Don't Know That », *The Work of Wrestling*, éditorial web, 20 juillet 2017, http://www.workofwrestling.com/writing/pro-wrestling-is-an-art-but-its-better-when-wrestlers-dont-know-that.

18. En fait, Walton (« "It's Only a Game!" : Sports as Fiction », in *In Other Shoes : Music, Metaphor, Empathy, Existence*, Oxford, Oxford University Press, 2015, p. 75-83) pense également que le rapport au sport authentique implique que les spectateurs jouent à des jeux de faire-semblant. Cette considération explique particulièrement bien pourquoi les fans de sport deviennent si émotionnellement attachés aux vicissitudes de « leur » équipe, ou de « leur » poulain, alors que, dans une perspective plus vaste, tout cela n'a que peu d'importance. Mais, si les sports compétitifs ont quelque chose en commun avec le divertissement et le *show business*, Walton soutient à raison que de tels sports « ne sont pas vraiment du *show business* », la raison principale étant qu'ils sont plus proches d'objets naturels que d'œuvres d'art. Bien qu'ils soient les produits d'une activité humaine, les sports de compétition n'ont pas quelque chose comme un dramaturge supervisant l'action, et l'objectif premier des joueurs est de gagner ; toute qualité divertissante ou ressemblant à un spectacle est un produit secondaire des actions du joueur, orientées par l'esprit de compétition. Cela, à nouveau, est la raison pour laquelle le catch n'est pas le même type de phénomène que le sport de compétition.

des *accessoires*. Les accessoires sont les objets réels (les peintures, les mots du roman, les performances filmées ou jouées sur scène) qui servent à inciter les imaginations, et qui souvent servent d'objet à ces imaginations. Ils génèrent également des vérités fictionnelles au sein du jeu de faire-semblant.

Walton introduit sa théorie en utilisant l'exemple des jeux « ordinaires » de faire-semblant pratiqués par les enfants, qu'il voit comme étant situé sur un continuum avec les jeux incités par les œuvres représentationnelles. Les enfants peuvent jouer à imaginer que des troncs d'arbres dans un bois sont des ours – les troncs sont les accessoires qui incitent les actes d'imagination, et forment en même temps les objets ou les contenus de ce qui est imaginé par les enfants. Lorsqu'un tronc d'arbre est découvert, il devient une part d'un jeu de faire-semblant selon lequel il y a un ours à sa place ; ou dit autrement, il y a fictionnellement un ours à cet endroit. C'est en ce sens que nous disions que les accessoires génèrent des vérités fictionnelles. Ainsi, les accessoires limitent les actes d'imagination légitimes au sein du jeu de faire-semblant (les enfants doivent imaginer des ours là où il y a des troncs, mais uniquement là où il y a des troncs – et non où il y a des buissons, par exemple).

Les troncs d'arbres sont des accessoires *ad hoc* – ils sont choisis par les enfants pour servir de générateurs de vérités ursines fictionnelles sur la base d'une convention partagée (« on va dire que les troncs sont des ours »). Mais d'autres jeux de faire-semblant sont *incités* par des accessoires qui sont élaborés ou créés par quelqu'un justement dans ce but. Pour Walton, les œuvres figuratives sont de tels accessoires. Les peintures, les statues, les pièces de théâtre et les romans sont faites spécifiquement pour fonctionner comme des accessoires dans les jeux de faire-semblant d'un public – c'est précisément ce qui fait d'elles des *œuvres représentationnelles*. Elles incitent les imaginations, servent d'objets à celles-ci et génèrent des vérités fictionnelles dans nos jeux.

On peut voir alors en quel sens les spectacles de catch peuvent aussi être considérés comme des œuvres représentationnelles au sens de Walton. D'abord, ils font appel à une variété d'accessoires très efficaces qui encouragent le public à entrer dans le jeu de faire-semblant que nous avons jusqu'ici appelé le *kayfabe*. Kail le dit en ces termes :

> Le ring, le fait que les acteurs soient appelés des lutteurs [19], la présence de commentateurs, et le cadre de l'événement renforcent l'illusion que le public est en train de voir ce que ces éléments évoquent : un combat [20].

Mais notre immersion dans le catch ne repose pas seulement sur les effets liés à la vérisimilitude des accessoires. Un autre aspect important de la théorie de Walton, qui nous aide à davantage comprendre ceci, est que dans nos jeux de faire-semblant l'un des objets les plus importants de nos actes d'imagination est *nous-mêmes*. En prenant part à nos jeux, guidés par les spécificités des représentations avec lesquelles nous jouons, nous nous lançons généralement dans des actes d'imagination *de se* [21] – par exemple en imaginant à propos de nous-même que, lorsque nous voyons une peinture, *nous sommes en train de voir* les gens dépeints en train de se promener, ou bien, lorsque nous lisons un roman, que *nous sommes en train de lire les relations* d'un personnage du roman, ou de quelque personne connaissant les événements du roman. Ces imaginations *de se* génèrent des vérités fictionnelles à notre sujet. Ainsi, nous devenons des accessoires réflexifs dans les jeux de faire-semblant [22].

Cette idée selon laquelle, en se rapportant à des représentations, on se lance dans des actes d'imagination à propos de soi, a souvent semblé peu plausible dans le cas de certaines représentations. Dire que regarder des peintures entraîne des imaginations à propos de soi, par exemple, peut sembler aller trop loin. Et alors que certains romans se prêtent aisément aux actes d'imagination à propos de nous-mêmes comme lecteurs de « véritables » relations – comme les romans sous forme de journal intime ou les romans épistolaires, par exemple – tous les romans ou les œuvres littéraires représentationnelles ne fonctionnent pas ainsi. Mais le cas du catch rend cette idée que nous sommes nous-mêmes des accessoires réflexifs particulièrement plausible, car cela s'accorde très bien avec le phénomène du « théâtre

19. Alors que le français distingue le lutteur (authentique sportif) du catcheur, l'anglais nomme le premier *amateur wrestler* (lutteur amateur) et le second *professional wrestler* (lutteur professionnel), d'où l'idée avancée ici par Kail (N.d.T.).

20. T. Kail, « Pro-Wrestling is an Art... « , art. cit.

21. En latin dans le texte (N.d.T.).

22. K. L. Walton, *Mimesis as Make-Believe : On the Foundations of the Representational Arts*, Cambridge, MA, Harvard University Press, 1990, p. 59 et p. 209-239.

sans murs » évoqué plus haut. Cela rend bien compte du fait que le rôle du public, qu'il soit présent dans un gymnase ou dans un stade ou bien en train de regarder depuis chez lui, est double : nous sommes à la fois le public-du-spectacle-fictionnel-du-catch et, *fictionnellement*, le public-du-*vrai*-sport-de-combat en train de se dérouler devant nous.

Bien plus, cet aspect du catch constitue une anomalie intéressante sur le plan théorique pour la pensée de Walton. Walton pense que lorsque nous jouons à nos jeux de faire-semblant avec des représentations, les vérités fictionnelles générées par nos actes d'imaginer à propos de nous-mêmes constituent ce qu'il nomme le « monde du jeu ». Mais ce n'est pas le seul « monde » en jeu. Les représentations elles-mêmes donnent accès à un autre monde de vérités fictionnelles – le « monde de l'œuvre ». Monde du jeu et monde de l'œuvre ne sont pas la même chose et ne doivent pas être confondus, puisque (i) il y a une multiplicité de mondes du jeu pour chaque œuvre représentationnelle (c'est-à-dire, il existe de multiples jeux de faire-semblant engendrés par l'œuvre puisqu'il y a de multiples « joueurs », mais il n'y a qu'un seul monde de l'œuvre ; (ii) le monde du jeu contient des propositions fictionnelles à propos de la personne jouant au jeu, mais ces propositions ne font pas partie du monde de l'œuvre. Cependant, comme nous l'allons voir, le catch peut permettre de problématiser cette distinction.

Lorsque nous nous engageons dans le faire-semblant initié par le catch, nous générons des vérités fictionnelles à notre propos, comme le fait que nous soyons à un véritable événement sportif, en train de regarder une véritable compétition sportive. Cela, dans la terminologie waltonienne, fait partie du monde du jeu. Et, toujours dans cette terminologie, cette sorte de contenu ne fait pas partie du monde de l'œuvre – après tout, dans les représentations fictionnelles communes, je ne fais pas partie, comme lecteur ou comme spectateur, du monde de l'œuvre. Mais quand je suis dans le public d'une représentation catchesque, ce n'est pas seulement une vérité fictionnelle du *monde du jeu* que je suis ici, comme une spectatrice de vrai sport ; le fait que les autres spectateurs et moi-même soyons là fait aussi partie du *monde de l'œuvre* – cela fait partie de la représentation fictionnelle du catch qu'il existe un public en train de regarder et que les catcheurs interagissent avec ce public, en le provoquant, réagissant à ses chants, gagnant son soutien, entre autres. Contrairement au théâtre traditionnel, la représentation fictionnelle dépasse ici la scène, ou le ring, et s'étend dans l'ensemble du stade, pour englober le public[23]. Le public est *véritablement* là en train de regarder la performance et d'interagir avec les lutteurs-acteurs, mais nous sommes en même temps *fictionnellement* là pour regarder des lutteurs s'affronter en combat. Comme le dit Kail :

> Imaginez une pièce qui ne se passerait pas sur une scène, mais dans le lieu décrit dans le texte ; et le public serait en même temps des personnages dans cette « pièce » qu'ils observent (ils sont le public du combat). C'est du Théâtre-sans-murs et c'est ce que fait le catch[24].

Le catch, donc, se distingue peut-être des autres fictions représentationnelles en ce qu'il amoindrit les frontières entre le monde de l'œuvre et le monde du jeu (dans la terminologie de Walton) et nous offre une expérience de « théâtre-sans-murs » (dans la terminologie de Kail). Comme fiction, il nous invite à un jeu de faire-semblant qui n'est pas seulement « dans notre tête » mais devant et tout autour de nous ; un jeu qui est partagé sur le moment avec d'autres participants et qui fournit une opportunité rare d'immersion quasi-totale dans laquelle le public est capable de « suspendre son incrédulité pour arriver à la catharsis ou [...] à l'explosion de joie »[25].

Éprouver cette profondeur relativement rare de l'expérience immersive est l'un des bénéfices que l'on peut retirer de la fréquentation du catch. Mais j'ai également déclaré que, en plus d'être plus immersif que d'autres représentations fictionnelles, le catch est aussi plus interactif. Par « interactif », j'entends à la fois la capacité d'interagir physiquement avec le monde de la représentation, et le pouvoir de le modifier[26].

Nous avons déjà vu que le catch repose beaucoup sur l'interaction avec le public – jusqu'au point où le public devient une part de la

23. Et cela s'étend plus loin encore, hors du stade et jusque dans les maisons des téléspectateurs. Les téléspectateurs ne sont pas moins pris dans le jeu de faire-semblant, quoique leur jeu soit médié d'une manière différente ; ils restent cependant une part du monde de l'œuvre, dans la mesure où être diffusé à la télévision et être regardé par des millions de personnes fait partie de la représentation du catch.

24. T. Kail, « Pro-Wrestling is an Art... », art. cit.

25. Cette expression est tirée de la section « *about* » du site de Tim Kail : http://www.workofwrestling.com/about (N.d.T.).

26. Pour une discussion des concepts d'interactivité et d'immersion, voir M.-L. Ryan, « Immersion vs. Interactivity : Virtual Reality and Literary Theory », *Postmodern Culture* 5/1, 1994, p. 110-137.

fiction. Au niveau le plus basique, dans les gradins, cette interaction se manifeste par les encouragements (et cris de désapprobation) du dénommé « *WWE Universe* » (autrement dit, les fans). Les fans crient leur joie, huent, chantent et brandissent des pancartes faites maison qui expriment leur point de vue sur les personnages dans le ring. Les catcheurs, en retour, jouent avec le public, encourageant les chants et les cris. Le public à la maison, dans le même temps, ne peut interagir directement de cette manière, mais réagit tout de même immédiatement aux simagrées dans le ring. Cette réaction basique de fan est un premier niveau d'interaction avec le monde des représentations.

Mais l'interaction et l'appréciation vont plus loin, en excédant le cadre de la fiction. La communauté des fans de catch est particulièrement active et produit une pléthore de discussions, critiques et analyses des événements se déroulant dans le ring. La plus grande part de ces discussions a maintenant lieu en ligne, que ce soit sur des chaînes Youtube spécialisées, des forums, des blogs, des sites ou encore sur les réseaux sociaux comme Twitter ou Tumblr. Ces discussions et analyses ont ceci de notable qu'elles ne se contentent pas de discuter ce qui s'est (fictionnellement) passé dans le ring, mais aussi – et peut-être surtout – qu'elles spéculent sur le sens des événements et leur direction future, dans une perspective méta-fictionnelle.

Les fans discutent de manière critique les trajectoires des personnages (par exemple, est-ce que l'évolution d'un personnage se déroule de manière appropriée ou non), l'évolution des arcs narratifs, et les stratégies potentielles employées par les scénaristes du show. En d'autres termes, ils critiquent le travail d'écriture. Ce niveau d'appréciation critique peut donner à la relation au catch un aspect plus sérieux que du « simple divertissement ». En critiquant l'histoire catchesque depuis l'extérieur de la fiction, la critique que les fans produisent est similaire à celle des autres formes de critique, littéraire ou pop. On peut ainsi comparer l'activité méta-critique du fan de catch impliqué à celle du critique pop qui analyse les séries télévisées et les feuilletons.

Il est également possible qu'une part de cette critique, relayée par des médias gratuits, ait une influence sur certaines histoires – il y a beaucoup de spéculation sur l'influence réelle qu'ont les réactions, commentaires et critiques des fans sur la prise de décision des scénaristes. Un exemple récent de cela a été le soutien des fans à l'*outsider* Daniel Bryan, un improbable héros catcheur qui n'était pas destiné à être dans le haut du panier, mais qui a su gagner l'affection du public à un tel degré que son soutien vocal est passé d'un chant à une perturbation du spectacle puis à une histoire officielle qui a vu Bryan devenir champion[27]. S'il n'est pas du tout simple de savoir le degré de pouvoir qu'ont véritablement les fans, l'entretien de cette possibilité signifie que le catch est traversé par un degré d'interactivité peu commun dans la plupart des autres représentations fictionnelles.

Que les scénaristes de catch y réagissent ou non, il est raisonnable de dire qu'une part de l'activité critique des amateurs de catch se place à un niveau comparable à la critique professionnelle menée dans le domaine littéraire et cinématographique. Cette activité cherche à mettre en lumière l'importante richesse qui se trouve par et dans l'appréciation des niveaux complexes de relation à lui-même qu'offre le catch, depuis la pure débauche de joie à la vue d'un geste magnifique bien exécuté, en passant par les moments de satisfaction cathartique lorsqu'un thème moral profond et résonnant profondément atteint son apogée, jusqu'au questionnement intellectuel sur les rouages de ce monde fictionnel étonnamment intrigant.

Le catch, donc, est à la fois l'occasion d'une profonde immersion dans l'œuvre, à travers un jeu fictionnel de faire-semblant, et d'interactions avec le public à de multiples échelles. Qu'il puisse offrir les deux fait indéniablement une part de son charme et une part de ce qui le rend singulier parmi les autres fictions, puisque l'immersion et l'interactivité sont des propriétés souvent en tension l'une avec l'autre. Cela s'explique par le fait que l'interaction au niveau le plus sérieux et critique demande une attention au médium – les dispositifs de la représentation fictionnelle – et une distance critique par rapport au contenu de la représentation elle-même ; à l'inverse, l'immersion demande de « voir à travers » le médium et de porter son attention au-delà de sa propre situation, vers le contenu représentationnel[28].

27. Comme cela est discuté par J. Ezel, « The dissipation of "heat" : Changing role(s) of audience in professional wrestling in the United States », *in* C. Broderick, E. Laine et C. Warden (dir.), *Performance and Professional Wrestling*, London-New York, Routledge, 2017, p. 9-16.

28. Voir M.-L. Ryan, « Immersion vs. Interactivity », art. cit., section XII : il y a « une relative transparence du médium. Le lecteur ou le spectateur regarde le monde de référence au travers de l'œuvre ».

Il est en général peu commun pour une forme d'art fictionnel de mêler immersion et interactivité de la manière dont le fait le catch[29]. En s'intéressant au catch, le public « entre et sort » de la fiction pendant qu'il la regarde, prenant plaisir à l'action dans la fiction à un moment, puis prenant de la distance pour réfléchir à son propos l'instant suivant. Cette réflexion est souvent réinjectée dans l'œuvre sous la forme des critiques et commentaires par le public, ou même juste sous la forme de réactions vocales pendant le spectacle. Cette traversée des bornes de la fiction est plus fluide et plus naturelle avec le catch qu'elle ne l'est avec les romans, le théâtre ou le cinéma et contribue donc à la nature unique du catch parmi les autres œuvres de fiction représentationnelles.

COMMENT NE PAS AIMER ÇA ?

J'ai commencé cet article en demandant ce qu'il se passe lorsque des fans de catch choisissent de s'y intéresser – comment il est possible qu'ils soient si investis dans un sport ostensiblement « chiqué ». J'ai soutenu que, pour comprendre cela, il nous faut comprendre le catch pour ce qu'il est – en premier lieu, qu'il s'agit d'une forme d'art représentationnel et fictionnel plutôt qu'un véritable sport. Compris comme représentation fictionnelle, on voit que le catch offre à son public plusieurs satisfactions et plaisirs, depuis l'appréciation basique du mouvement beau ou impressionnant, jusqu'à l'appréciation de thèmes dramatiques et du plaisir émotionnel qui en découle, jusqu'à l'expérience d'une immersion approfondie et l'opportunité d'exercer une activité critique. Fondamentalement, le catch nous propose un jeu de faire-semblant qui fait que nous prenons à cœur les personnages et l'action dramatique de ce monde fictionnel, et il nous fait vibrer avec les performances athlétiques qui sont le médium de la représentation. Il reste alors une question : non pas *mais qu'est-ce que les fans de catch peuvent bien y trouver ?*, mais bien *mais pourquoi* tu *ne regardes pas du catch ?*

29. Un autre médium fictionnel qui comporte un haut degré d'immersion et d'interactivité est, bien sûr, le jeu vidéo et la réalité virtuelle. Sur ce point, voir *ibid.* Le rapport à ce médium est cependant une expérience plus solitaire.

PISTES, REVUE DE PHILOSOPHIE CONTEMPORAINE 5 (2024)
190 p., ISBN : 978-2-7116-8429-8, p. 85-103, VRIN.

Usages sériels

Stéphane LLERES

La valeur culturelle des séries, longtemps niée, est devenue évidente ces quinze dernières années. Certaines sont considérées comme des œuvres à part entière : Tristan Garcia accorde à *Six Feet under*[1] « un statut proche de celui de la *Recherche* proustienne »[2], et François Jost considère que la chaîne HBO « élève les séries au statut d'œuvre, au même titre que les films »[3]. Certains ouvrages analysent l'*art* des séries télévisées[4], les critiques de séries se déploient dans les mêmes espaces que les critiques de cinéma, et sont parfois écrites par les mêmes plumes.

Mais il est impossible d'oublier que la production des séries obéit à une logique commerciale, que John Fiske, en 1987, résumait en ces termes :

> En un premier temps, les producteurs du programme vendent à des distributeurs : le programme est simplement une marchandise matérielle. Ensuite le programme-comme-marchandise change de rôle et devient producteur. Et la nouvelle marchandise qu'il produit est un public qui, à son tour, est vendu à des annonceurs ou à des sponsors[5].

1. *Six Feet under*, série créée par Alan Ball, HBO, 2001-2006.

2. T. Garcia, *Six Feet Under. Nos vies sans destin*, Paris, Puf, 2012, p. 12.

3. F. Jost, *De quoi les séries américaines sont-elles le symptôme ?*, Paris, CNRS Éditions, 2011, p. 4.

4. V. Colonna, *L'art des séries télé. Tome I, L'appel du happy end*, Paris, Payot, 2015.

5. J. Fiske, *Television Culture*, London, Methuen, 1987, cité par J.-P. Esquenazi, *Les séries télévisées : L'avenir du cinéma ?*, Paris, Armand Colin, 2012, p. 48.

Cette nécessité de s'assurer un public régulier pour garantir des revenus publicitaires réguliers peut même être vue comme l'origine de la forme sérielle elle-même : puisque, contrairement au cinéma, la série est télévisée, elle vise le public dans son espace privé ou domestique, qui se structure autour de répétitions périodiques, ou rituelles, qui l'organisent[6], et doit donc s'adapter à ses rythmes et à cette périodicité. C'est la raison pour laquelle, alors que le film est conçu pour un visionnage continu, la série est discontinue, et est pensée pour être diffusée par épisodes.

Cette discontinuité, qui définit la forme sérielle, détermine, au moins partiellement, la manière dont les épisodes sont conçus. D'une part, leur discontinuité confère aux épisodes une relative indépendance, que ne peut jamais posséder, par exemple, une scène d'un film qu'on aurait isolée. Chaque épisode constitue en effet un tout, c'est-à-dire une unité, qui comporte son propre début, son propre développement, et sa propre fin, fût-elle ouverte[7]. Même la série la plus feuilletonnante n'est pas seulement un long film découpé en parties après-coup. D'autre part, cette relative indépendance implique que les épisodes puissent être identifiés comme les moments d'une même série. Il faut donc qu'ils portent une marque commune qui les identifie comme tels : le générique est la marque *minimale*, mais la structure des épisodes, identique, comme dans *New York District*, *House M. D.*, ou *CSI*, peut jouer ce rôle. La discontinuité sérielle implique donc que les épisodes *répètent* quelque chose, par quoi ils s'identifient comme épisodes d'une même série. La discontinuité induit donc une nécessaire *répétition*, qui s'observe aussi bien, à des degrés divers, dans les séries où chaque épisode est bouclé que dans les séries feuilletonnantes. C'est pourquoi la diffusion d'un épisode d'une série « obéit à la loi du retour du même »[8], au point qu'on a même pu considérer qu'on ne regarde un épisode de série que comme *exemplaire* d'un concept qui se répète de manière périodique[9]. Ces deux éléments – mode de diffusion télévisé et discontinuité – constituent ce que nous appellerons la *sérialité* des séries.

6. J.-P. Esquenazi, *Les séries télévisées : L'avenir du cinéma ?*, *op. cit.*, p. 17-18.

7. Aristote, *Traité du ciel*, dans *Œuvres complètes*, éd. P. Pellegrin, trad. fr. C. Dalimier et P. Pellegrin, Paris, Flammarion, 2014, I, 1, p. 701.

8. J.-P. Esquenazi, *Les séries télévisées : L'avenir du cinéma ?*, *op. cit.*, p. 24.

9. *Ibid.*

Il est cependant difficile de ne pas voir une contradiction entre ces deux logiques – culturelle et commerciale – auxquelles obéit la production des séries. Nous ne regardons pas une série en pensant à la logique commerciale qui la sous-tend, nous la regardons parce qu'elle nous procure un plaisir, et si une série peut être regardée comme une œuvre, alors ce plaisir doit être esthétique. Cependant, la tradition philosophique moderne définit le plaisir esthétique de telle sorte que le plaisir sériel nous semble en être exclu. De ce point de vue en effet, le plaisir esthétique est le sentiment lié à la rencontre d'une absolue singularité, qui éveille, dans l'exacte mesure où elle lui résiste, la pensée qui cherche à l'assimiler[10]. Le plaisir esthétique est donc, selon l'expression de Walter Benjamin, lié à la rencontre avec « un lointain, aussi proche soit-il »[11]. Or, du fait même de leur sérialité, les séries télévisées semblent exclure un tel plaisir. Elles sont, comme nous l'avons vu, répétitives : le visionnage d'une série n'est donc pas la rencontre de quelque chose d'absolument singulier, d'un « lointain, aussi proche soit-il », mais le retour ou la répétition de ce qui nous est déjà familier. Le plaisir sériel ne serait donc pas à proprement parler esthétique, mais résiderait seulement dans la réalisation de nos attentes, ou si l'on veut, dans la réitération d'une habitude.

Une telle contradiction entre la sérialité même des séries, qui se fonde dans la logique commerciale de leur production, et l'accès de certaines d'entre elles au statut d'œuvre fait de l'expérience des séries – en tant qu'il s'agit d'une expérience esthétique – une expérience trouble, ou impure : nous éprouvons du plaisir devant ce qui nous est donné comme une œuvre, mais ce plaisir se trouve entaché par le soupçon selon lequel il ne serait qu'un leurre au seul profit de la logique commerciale. Lorsque nous regardons une série, n'est-ce pas en effet nous – notre attention ou, selon une expression devenue célèbre, notre « temps de cerveau humain disponible » – qui devenons le produit vendu à des annonceurs ? Regarder une série, ne serait-ce pas alors tomber dans une forme d'aliénation sérielle, par laquelle

10. C'est parce que l'œuvre d'art, explique par exemple Emmanuel Kant dans la *Critique de la faculté de juger*, présente quelque chose de si singulier que notre entendement ne dispose d'aucun concept déterminé pour l'appréhender, et que nos facultés – entendement et imagination – sont mises dans un état de libre jeu, qui produit le plaisir esthétique. Henri Bergson, dans *Le rire*, III, affirme de son côté que « l'art vise toujours l'individuel ».

11. W. Benjamin, *L'œuvre d'art à l'époque de sa reproductibilité technique* [1939], trad. fr. L. Duvoy, Paris, Allia, 2013, p. 25.

nous serions dépossédés de notre propre attention et de notre propre pensée ? Cette appréciation n'est pas nouvelle et a déjà une certaine postérité[12], sans doute est-elle une des raisons de la longue méfiance envers les séries.

Pourtant, si on examine les raisons qui justifient la considération de certaines au statut d'œuvre, on doute de la pertinence de réduire les séries de simples chevaux de Troie de la logique commerciale. Si Sandra Laugier, citant Martin Shuster[13], peut entreprendre de traiter des séries comme des œuvres « dont la forme et la fonction sont comparables à celles de (grands) romans ou de films »[14], c'est parce qu'elle voit en elles ce qu'elle voit dans les films, à savoir l'occasion d'une « expérience partagée et transformatrice »[15], plutôt que le simple retour du même ou du familier. Cette expérience transformatrice, on en trouvera un exemple sous la plume de Garcia, à propos de *Six Feet under* :

> Voilà une série qui, à partir de la plus haute conscience intellectuelle qu'on peut avoir de notre temps, transforme l'intelligence en émotion comme par alchimie et – à la manière de toute grande œuvre de culture universelle – précipite la pensée en sensation, et en l'occurrence, en larmes[16].

Que faisons-nous, donc, lorsque nous regardons une série télévisée ? Nous abîmons-nous dans le retour périodique du familier, nous aliénant du même coup à une logique purement commerciale, ou bien tentons-nous une expérience esthétique qui nous transforme du fait même qu'elle nous donne à penser ? La réponse à cette question ne nous semble pas devoir être univoque, mais résider plutôt dans des *usages* de la sérialité. Il se peut en effet que la sérialité ne soit pas *en elle-même* aliénante, ou *en elle-même* l'objet d'une expérience esthétique : il n'y a pas d'essence de la sérialité en dehors de l'usage qui en est fait et ainsi, comme l'énonçaient déjà Gilles Deleuze et Félix Guattari après

12. *Cf.* Th. Adorno et M. Horkheimer, *La dialectique de la Raison* [1944], trad. fr. É. Kaufholz, Paris, Gallimard, 1974.

13. M. Shuster, *New Television, the Aesthetics and Politics of a Genre*, Chicago, IL, University of Chicago Press, 2017.

14. S. Laugier, *Nos vies en séries. Philosophie et morale d'une culture populaire*, Paris, Flammarion, 2019, p. 14.

15. *Ibid.*, p. 29.

16. T. Garcia, *Six Feet Uunder*, *op. cit.*, p. 12.

Nietzsche[17], le sens n'est rien d'autre que l'usage[18]. Il s'agira donc de dégager différents usages de la sérialité des séries, qui ne la réduisent pas nécessairement à un cheval de Troie d'une pure et simple logique commerciale, et ce, non pas par une déduction *a priori*, mais dans les séries elles-mêmes et à partir d'elles. Nous commencerons par dégager, dans un premier temps, un *usage territorial* de la répétition sérielle, en tant qu'il permet la constitution d'un territoire ou d'un chez soi, à partir de *WandaVision*[19] ; nous décrirons dans un second temps un *usage dystopique*, par lequel le *medium* sériel permet d'exposer le caractère intolérable de la répétition quotidienne, à partir de l'exemple de *The Handmaid's Tale*[20] ; nous chercherons enfin, dans un dernier temps, à savoir s'il existe un usage de la répétition sérielle propre à faire sortir effectivement le spectateur de la répétition quotidienne, et nous explorerons à cette fin la série *Westworld*[21].

USAGE TERRITORIAL : LA SÉRIE COMME « CHEZ SOI »

Chaque épisode de *WandaVision* est tourné comme un épisode d'une sitcom américaine représentative d'une décennie : le premier épisode est tourné comme un épisode du *Dick van Dyke Show*, dont il reprend tous les codes ; le deuxième pastiche *Bewitched*, etc. La production américaine de sitcom de chaque décennie se voit ainsi pastichée dans un épisode, jusqu'à l'épisode 7. La raison en est que le monde dans lequel évolue Wanda est en fait une fiction créée par elle. Ce que voit le spectateur, c'est donc le monde voulu par Wanda, la vie dont elle rêve, et qui est la vie d'une héroïne de sitcom. L'épisode 8 explique cette curieuse construction : un *flashback* montre une routine de la vie familiale de Wanda, alors qu'elle grandit dans un pays en guerre : son père apporte, comme il le fait régulièrement, une valise remplie de VHS de sitcoms américaines d'époque diverses – on y reconnaît certaines des sitcoms pastichées par la série – qui vont donner lieu à l'une des projections familiales à laquelle la jeune Wanda prend toujours plaisir.

17. F. Nietzsche, *Généalogie de la morale* [1887], trad. fr. I. Hildenbrand et J. Gratien, Paris, Gallimard, 1971, II, § 12.

18. G. Deleuze et F. Guattari, *L'anti-Œdipe*, Paris, Minuit, 1972, p. 130.

19. *WandaVision*, créée par Jac Schaefer, Marvel Studios, 2021.

20. *La servante écarlate*, créée par Bruce Miller, Hulu, 2017, encore en production.

21. *Westworld*, série créée par Jonathan Nolan et Lisa Joy, HBO, 2016-2022.

Par-là, *WandaVision* tient un propos sur la série télévisée. Spectacle domestique, elle vise les spectateurs dans leur vie privée[22]. Or on a depuis longtemps remarqué que la vie domestique était le résultat d'une construction[23]. Deleuze et Guattari notaient dans *Mille Plateaux* que « le chez soi ne préexiste pas »[24], il faut l'instituer, ce qui demande d'abord « un centre stable et calme, stabilisant et calmant au sein du chaos »[25]. C'est ce que fait l'enfant perdu dans le noir lorsqu'il fredonne sa ritournelle. Le noir n'est pas, ici, le vide ou le néant, mais l'éventualité d'événements que l'enfant ne maîtrise pas, et qui prolifèrent : c'est le chaos, défini comme une prolifération de déterminations qui se défont en même temps qu'elles se font[26]. Rien ne tient, rien ne consiste, dans le chaos ; si consistance il y a, c'est à condition que celle-ci soit instaurée. C'est la répétition d'une même séquence qui donne à celle-ci une consistance. Ainsi, « c'est la chanson qui est elle-même un saut : elle saute du chaos à un début d'ordre dans le chaos, elle risque aussi de se disloquer à chaque instant. »[27]

Si, en effet, « la répétition ne change rien dans l'objet qui se répète »[28] – sans quoi on ne pourrait pas parler de répétition – reste qu'elle « change quelque chose dans l'esprit qui contemple »[29]. Ce qu'elle change, c'est que les notes se trouvent contractées dans l'esprit qui les entend, de sorte que, lorsque les premières se présentent à nouveau à l'esprit, celui-ci s'attend aux suivantes, et ce d'autant plus fort que la contraction a déjà eu lieu un grand nombre de fois. Telle est l'habitude, qui apparaît par la répétition d'une même séquence, et qu'on peut définir comme la contraction répetée d'éléments, et la prétention au retour de cette contraction, c'est-à-dire « l'attente que "cela" continue, qu'un des deux éléments survienne après l'autre »[30]. C'est ainsi que dans le chaos, quelque chose *consiste.* Ainsi comprise, l'habitude est une synthèse passive s'effectuant dans un esprit d'abord coextensif au chaos, et qui lui donne une consistance qu'il

22. J.-P. Esquenazi, *Les séries télévisées : L'avenir du cinéma ?*, *op. cit.*, p. 29.
23. *Ibid.*, p. 18.
24. G. Deleuze et F. Guattari, *Mille plateaux*, Paris, Minuit, 1980, p. 382
25. *Id.*
26. G. Deleuze et F. Guattari, *Qu'est-ce que la philosophie ?*, Paris, Minuit, 1991, p. 45.
27. G. Deleuze et F. Guattari, *Mille plateaux*, *op. cit.*, p. 382.
28. G. Deleuze, *Différence et répétition*, Paris, Puf, 1968, II, p. 96.
29. *Ibid.*
30. *Ibid.*, p. 101.

n'a d'abord pas. Dès lors, elle ne concerne plus seulement une réalité particulière qui serait l'esprit, mais « d'abord les habitudes primaires que nous sommes, les milliers de synthèses passives qui nous composent organiquement »[31]. L'habitude, c'est le rythme, c'est-à-dire la « répétition périodique d'une composante »[32], qui est aussi bien rythme cardiaque, respiratoire, circadien, ou cycle reproductif.

Voilà comment une consistance s'instaure dans le chaos, un « centre stable et calme, stabilisant et calmant »[33], mais toujours précaire, puisque le chaos est justement ce qui défait toute consistance : elle « risque aussi de se disloquer à chaque instant »[34], et tient plus d'une esquisse que d'une position ferme. Mais par-là même, ce centre stable n'est pas encore un « chez soi ». Celui-ci demande encore de sortir du centre pour « tracer un cercle » et « organiser un espace limité »[35]. Il s'agit de « maintenir à distance les forces qui frappent à la porte »[36], et de protéger ainsi le centre, du fait de sa précarité. C'est la marque et sa répétition périodique qui font le territoire[37]. Nous ne sommes pas sortis de la répétition, puisque le marquage fait lui-même l'objet d'une répétition périodique : « non seulement on trace un cercle, mais surtout on marche autour du cercle comme dans une ronde enfantine »[38]. C'est la répétition qui instaure une habitude, comme consistance à même le chaos, et c'est toujours la répétition qui institue un territoire. Ce qui distingue la répétition territorialisante de celle qui instaure une habitude, c'est que dans celle-ci, les composantes contractées acquièrent, du fait même de cette contraction, une fonction dans la conservation de la consistance instaurée – les battements du cœur ne se répètent que pour assurer une fonction circulatoire –; dans celle-là, les composantes « cessent d'être fonctionnelles pour devenir expressives »[39], comme les feuilles déposées par le *sconopoïetes dentirostris*, qui n'ont pas de rôle fonctionnel

31. *Ibid.*
32. G. Deleuze et F. Guattari, *Mille plateaux*, *op. cit.*, p. 384.
33. *Ibid.*, p. 381.
34. *Ibid.*, p. 382.
35. *Ibid.*
36. *Ibid.*, p. 393.
37. *Ibid.*, p. 388.
38. *Ibid.*, p. 382.
39. *Ibid.*, p. 387.

mais forment plutôt une affiche, une pancarte ou une signature[40]. L'instauration d'un territoire est d'abord expressive ou esthétique, et « la propriété est d'abord artistique, parce que l'art est d'abord affiche, pancarte »[41].

La ritournelle dont parlent Deleuze et Guattari a donc plusieurs aspects : au moins un qui en fait l'instauration d'une habitude, ou consistance dans le chaos, et un autre qui, par un marquage expressif, constitue un territoire[42]. Le marquage territorial, par sa répétitivité, est lui-même rythmique, et établit la consistance du territoire qu'il instaure. Ces considérations éclairent la vie domestique, qui est justement le cadre de la diffusion des séries télévisées : celle-ci est routinière, c'est-à-dire répétitive, mais la répétition y revêt ses deux aspects : elle assure la consistance de la famille par le rassemblement périodique de ses membres autour de temps forts, « moments de retrouvailles, repas ou loisir familiaux »[43], dont la répétition constitue des habitudes ; elle y est expressive, c'est-à-dire territorialisante, lorsqu'elle est par exemple entretien périodique de l'espace, qui maintient en dehors les forces du chaos en restaurant constamment une disposition ou un ordre plus esthétiques que fonctionnels (pelouse tondue, haies taillées, ustensiles rangées et meubles disposés d'une manière précise, etc.).

C'est parce que la série télévisée doit s'insérer dans la répétition domestique qu'elle assume elle-même une forme répétitive. Mais du fait même de sa répétitivité la série télévisée devient elle-même une ritournelle, au sens de Deleuze et Guattari : elle devient à son tour un élément constitutif d'un chez soi, ou d'un territoire. Et elle présente les deux aspects de la répétition : elle instaure une habitude, et donc une consistance, en assurant par exemple le rassemblement périodique d'une communauté devant la télévision[44] ; elle est territorialisante, d'une part, puisque le visionnage d'une série n'a pas d'autre fonction qu'esthétique, et constitue donc une marque qui définit un territoire, et, d'autre part, parce que la série répète un certain nombre de marques esthétiques qui la signent : l'avertissement initial au début de *Law & Order*, le long cérémonial qui commence chaque épisode

40. G. Deleuze et F. Guattari, *Mille Plateaux*, *op. cit.*, p. 387.
41. *Ibid.*, p. 389 : « Certes, à cet égard, l'art n'est pas le privilège de l'homme ».
42. F. Guattari, *L'inconscient machinique. Essais de schizo-analyse*, Paris, Recherches, 1979, p. 117.
43. J.-P. Esquenazi, *Les séries télévisées : L'avenir du cinéma ?*, *op. cit*, p. XXX.
44. *Ibid.*, p. 14.

de *Impossible Mission*[45], l'échec perpétuel de l'évasion du *Prisonnier*, etc. Une série télévisée est une ritournelle qui fait, partiellement au moins, ce en quoi nous consistons, et contribue à définir un territoire, un « chez soi ».

Il n'est question que de cela dans *WandaVision.* Wanda passe son enfance dans un pays en guerre, c'est-à-dire dans le chaos ; le visionnage périodique des sitcoms rapportées par son père est sa ritournelle à elle, par laquelle elle s'instaure un centre stable – sa famille –, à partir duquel elle peut constituer son territoire ou son « chez elle », et qui semble, à ses yeux d'enfant, maintenir au-dehors les forces du chaos. Mais cette sécurité est illusoire, et son foyer vole en éclat, la plongeant dans le chaos. C'est, un peu plus tard, sa rencontre avec Vision qui constitue un centre stable, une *consistance*, autour de laquelle le couple projette de construire un foyer. Mais la mort de celui-ci la plonge à nouveau dans le chaos, et c'est à partir du sol de sa maison en construction qu'elle projette un monde fictif qui d'une part, reproduit le centre consistant que son couple avec Vision pouvait constituer, et d'autre part, se fait un territoire qui rejoue les sitcoms de son enfance : il s'agit bien d'un marquage territorial, puisque ce qui transforme Westview en ville de sitcom, c'est tout un ensemble de marques esthétiques qui signalent les sitcoms de son enfance, et qui se trouvent du même coup définir formellement les sept premiers épisodes.

Ces considérations nous indiquent l'usage le plus général de la sérialité, que nous appellerons *usage territorial*, qui permet d'établir une consistance dans le chaos, et de se constituer un territoire, c'est-à-dire d'habiter en s'habituant[46]. Mais déjà cet usage s'avère ambigu, puisqu'il ne contredit en rien la réduction de la série à la logique commerciale qui la sous-tend. Pire, de ce point de vue, c'est même elle que l'on se met à habiter, et c'est elle qui devient ce en quoi nous consistons : Wanda se reconstitue un territoire, mais c'est un territoire de sitcoms, et des coupures publicitaires qui les ponctuent. Loin de montrer que le visionnage des séries ne se réduit pas à s'aliéner à une logique purement commerciale, l'usage territorial semble faire de

45. *Ibid.*, p. 44.

46. *Cf.* A. Sauvagnargues, « Ritournelles de Temps », *Chimères* 79, 2013, p. 44-59 : « La ritournelle déclenche rythme et mesure spatiotemporels sur un mode esthétique, sensible, comme habitude, habitation, habituation ».

cette aliénation notre « chez soi ». Il nous faut donc examiner si la sérialité est susceptible d'un autre usage, qui ne se contenterait plus de constituer des habitudes à partir de la logique commerciale qui la sous-tend, mais qui puisse au contraire nous en affranchir.

USAGE DYSTOPIQUE : L'INTOLÉRABLE DU QUOTIDIEN

Ce nouvel usage nous semble pouvoir être trouvé dans un genre de série particulier, à savoir la dystopie. La sérialité paraît en effet particulièrement adaptée au genre, qui peut être défini comme la présentation d'un monde effrayant, d'une part parce qu'il est devenu humainement invivable, d'autre part parce qu'il pourrait advenir. Si un tel monde est humainement invivable, c'est que l'action y est impossible : la République de Gilead décrite par Margaret Atwood est terrifiante par la situation qu'elle fait aux femmes, mais aussi par l'extrême difficulté d'une quelconque résistance de celles-ci au sort qui leur est fait.

Or, une telle situation est ce que Deleuze appelle une situation intolérable et qu'il définit comme celle dans laquelle nos schèmes sensori-moteurs se trouvent rompus ou enrayés. L'expression est reprise à Bergson, qui désigne par-là les différentes manières dont nos perceptions – par lesquelles nous sommes diversement interpellés – se prolongent en actions appropriées, c'est-à-dire qui répondent adéquatement à ces interpellations[47]. L'intolérable, c'est donc ce qui nous laisse sans réponse pertinente ou appropriée à ce qui nous interpelle. Mais l'intolérable, tel que le comprend Deleuze, ne caractérise pas un événement, fût-il de très grande ampleur, « mais l'état permanent d'une réalité quotidienne »[48]. C'est que le monde de l'action, c'est d'abord le monde de la vie quotidienne. L'action consiste en effet d'abord à assurer la conservation et la perpétuation de la vie : l'interpellation à laquelle nous devons répondre par une action appropriée, c'est premièrement la nécessité de satisfaire nos besoins vitaux, et cette interpellation se présente chaque jour, c'est-à-dire quotidiennement, et chaque jour, nous avons à lui répondre.

47. H. Bergson, *Matière et mémoire. Essai sur la relation du corps à l'esprit* [1896], Paris, Puf, 2012, p. 166.

48. G. Deleuze, *Cinéma 2. L'image-temps*, Paris, Minuit, 1985, p. 221.

On voit alors tout l'intérêt de la forme sérielle pour le genre dystopique : sa discontinuité implique une nécessaire répétitivité, par laquelle le spectacle domestique qu'elle constitue parvient à s'insérer dans la vie domestique, mais elle permet de développer du même coup les ritournelles quotidiennes des personnages de séries. On a beaucoup remarqué que si les personnages de séries nous devenaient familiers, c'était moins par identification que par « fréquentation […] et attachement »[49] : sa répétitivité permet une exploration de la « forme de vie ordinaire »[50] – c'est-à-dire quotidienne – des personnages. On comprend alors l'intérêt de la forme sérielle pour la dystopie, et il nous semble ici lui trouver un nouvel usage, que nous appellerons *usage dystopique*, et dont on pourra trouver une illustration dans *The Handmaid's Tale*. La vie des femmes y est en effet réglée par la répétition : on les voit faire les courses, la cuisine, participer à différentes célébrations, etc. – autant de routines constituées par la répétition périodique de tâches ou de routines. Mais celles-ci leur sont imposées. Les femmes de la République de Gilead se trouvent dépossédées de leur quotidien, puisque celui-ci ne relève plus de leur libre choix, mais d'une périodicité sociale contrainte. Cette dépossession est ce qui rend l'action impossible. Si, comme Bergson, on distingue l'action – volontaire – du simple geste – mécanique ou automatique – alors un quotidien dont on est dépossédé est celui dont l'action, en ce sens strict, est exclue. Le corps même des femmes ne leur appartient plus, il est occupé par une gestuelle routinière contrainte[51]. C'est en cela que, d'une part, le quotidien des femmes de la série est intolérable – l'action en est exclue –, et d'autre part, que cet intolérable est particulièrement propre à être montré par la forme sérielle qui, par sa répétitivité, peut rendre compte de la vie quotidienne des personnages, dans tout ce qu'elle a de contraint.

Cet usage dystopique de la sérialité pose cependant un problème particulier. La dystopie ne semble en effet montrer un monde intolérable que pour permettre de le conjurer. C'est la raison pour laquelle la dystopie prend généralement soin de pointer ce qui, du monde dystopique, se trouve déjà présent, à l'état de tendance, dans le monde tel qu'on le connaît : elle indique par-là que le basculement

49. S. Laugier, *Nos vies en séries*, *op. cit.*, p. 93.

50. *Ibid.*, p. 94.

51. *Ibid.*, p. 240.

de ce monde vers celui qu'elle décrit est possible, si l'on n'y prend garde. Mais justement, il est douteux que la dystopie parvienne à cette fin par l'usage de la sérialité. Celle-ci s'est en effet montrée particulièrement apte à montrer l'intolérable du quotidien, qui est l'objet de la dystopie, mais c'est seulement parce que sa répétitivité, lui permettant de s'insérer dans la vie quotidienne des téléspectateurs, elle-même répétitive, y constitue une nouvelle ritournelle, c'est-à-dire une nouvelle habitude, ou un territoire. La forme sérielle, appliquée à la dystopie, aurait, en somme, moins pour effet de nous permettre de conjurer le monde qu'elle décrit que de nous y habituer, ou de nous amener à, déjà, l'habiter. Comme le note Deleuze :

> Nous ne manquons pas de schèmes sensori-moteurs pour [...] supporter ou [...] approuver, nous comporter en conséquence, compte tenu de notre situation ou de nos goûts. Nous avons des schèmes pour nous détourner quand c'est trop déplaisant, nous inspirer de la résignation quand c'est trop horrible, nous faire assimiler quand c'est trop beau[52].

Créer une habitude, c'est instaurer un schème sensori-moteur, puisque celui-ci se forme par la contraction d'une séquence perception-action, et par la répétition de cette contraction qui amène la perception, lorsqu'elle se produit à nouveau, à se prolonger dans l'action contractée avec elle. La sérialité, du fait de sa répétitivité, tisse donc un schème sensori-moteur ; si l'intolérable se définit par sa rupture ou son enrayement, il semble donc que la série ne puisse montrer l'intolérable qu'en nous amenant à le tolérer, c'est-à-dire, du même coup, à intégrer la dystopie dans notre territoire, ou notre « chez-nous » : celle-ci nous devient familière. L'usage dystopique de la sérialité s'avérerait parfaitement contre-productif, puisque contradictoire avec ce qui semble le but de la dystopie comme genre.

Sauf à considérer que l'objet de la dystopie est moins le futur intolérable qu'elle décrit, que notre capacité, réelle, présente, à nous y habituer et à l'habiter. Le plus intolérable, n'est-ce pas en effet notre capacité à tolérer *même l'intolérable*, à « nous y faire », et la facilité avec laquelle on y parvient ? Si l'on admet cette hypothèse, alors la sérialité peut bien constituer une habitude chez le spectateur, qui l'amène à tolérer l'intolérable : *c'est précisément cette facilité à nous habituer, à nous*

52. G. Deleuze, *Cinéma 2. L'image-temps*, *op. cit.*, p. 31-32.

« faire à tout » qui est l'objet de la dystopie, ce qu'elle nous invite à voir. La série dystopique ne manquerait plus son but, puisque nous n'avons une chance de conjurer l'avènement d'un monde dystopique que si l'on prend d'abord conscience de la facilité avec laquelle on s'habitue au pire. Ainsi, dans le premier épisode de la série, après avoir violemment exclu une jeune femme du centre de rééducation qui doit dicter aux femmes les nouvelles règles, Tante Lydia remarque :

> Mesdemoiselles, je sais que tout cela doit vous sembler très étrange. Mais l'ordinaire, c'est ce à quoi vous êtes habituées. Tout ceci peut ne pas vous paraître ordinaire pour le moment. Mais ça le sera après un temps. Tout cela deviendra ordinaire.

L'usage dystopique de la sérialité diffère donc de l'usage territorial en ce qu'il le *déjoue* : si l'usage territorial est celui par lequel on se fait un chez-soi – au creux même de la logique commerciale –, l'usage dystopique prend précisément pour objet cette trop grande facilité avec laquelle nous habitons n'importe quoi, même le pire, et nous met face à elle. Avec lui, il nous semble que nous tenons un usage de la sérialité qui ne puisse être réduit à la logique commerciale. Et pourtant, cet usage est encore ambigu : il ne peut déjouer l'usage territorial qu'en se fondant sur lui : il suppose l'usage territorial, et ne peut fonctionner que dans la mesure où il fonctionne *aussi* comme usage territorial. La série dystopique ne peut prendre comme objet notre trop grande facilité à nous habituer qu'en devenant elle-même une nouvelle habitude, un nouveau territoire qu'on habite. Dès lors, l'usage dystopique n'est-il pas condamné à l'inefficacité, voire à la stérilité, si la pensée de ma trop grande facilité à m'habituer à l'intolérable ne m'empêche pas d'attendre le prochain épisode de *The Handmaid's Tale* comme le retour de la séquence que je contracte? L'usage dystopique de la série télévisée semble alors nous condamner à cette cruauté dont parlait Roberto Rosselini, qui consistait à jouir de l'intolérable[53]. Il nous manque donc, si l'on veut dégager l'usage dystopique du soupçon de stérilité, voire de cruauté, une compréhension claire de la manière dont la répétition sérielle peut être utilisée de manière à en sortir.

53. R. Rosselini, *Le cinéma révélé*, Paris, Éditions de l'Étoile, 1984, p. 120.

USAGE LABYRINTHIQUE : ENGAGER UN DEVENIR

Westworld décrit, dans sa première saison, un parc d'attractions un peu particulier, puisque les visiteurs y ont affaire à des robots humanoïdes, qui jouent tous le rôle d'un personnage de western. Leur comportement obéit à un script, qui définit leurs réactions face aux visiteurs, ou l'enchaînement de leurs actions lorsque ceux-ci ne les sollicitent pas : Dolorès, l'hôte le plus ancien du parc, commence sa journée par une conversation avec son père, fait les courses au *drugstore*, fait invariablement tomber une boîte de conserve, que Teddy ramasse si aucun visiteur ne le fait, etc. Ce script est une bonne illustration du schème sensori-moteur, qui prend la forme ici d'un programme informatique qui définit la manière dont l'hôte réagit aux sollicitations qu'il perçoit. Un programme informatique est une série d'instructions qui s'exécutent dans un ordre déterminé, et qui est contenu dans une mémoire. Cependant, par « mémoire », il ne faut pas entendre ici la capacité à se rappeler un passé. En effet, chaque exécution du programme des hôtes forme une boucle qui redémarre dès qu'elle se termine. Les journées des hôtes suivent le même déroulement, dont elles ne s'écartent que du fait des sollicitations des visiteurs, qui déclenchent en réalité d'autres routines, prévues pour y répondre de manière appropriée. L'exécution d'une boucle n'influe en rien sur l'exécution suivante, et n'est pas modifiée par la précédente. Cette répétition peut être dite *matérielle* au sens où Bergson pouvait comprendre la matière comme ce qui se décompose en éléments homogènes et indépendants les uns des autres, de sorte qu'elle se divise sans changer de nature : une étendue divisée donne toujours de l'étendue, elle est simplement moindre. On pourra la dire aussi bien mécanique, si l'on désigne par ce terme le mouvement purement matériel. En ce sens, les hôtes n'ont en fait pas de mémoire au sens courant du terme, ils exécutent chaque itération d'une boucle sans aucun souvenir des précédentes, et exécutent donc chaque boucle dans un présent perpétuel.

Selon cette description, la ritualité quotidienne qui structure nos journées – y compris celle que constituent les séries télévisées qui s'y insèrent – relève de cette répétition matérielle et fait de nous des robots. Dans l'épisode 10 de la première saison, dans un discours s'adressant au personnel et aux actionnaires du parc rassemblés, le Dr

Ford, l'un des deux créateurs du parc, leur lance : « Vous ne voulez pas changer. Ou vous ne le pouvez pas. Vous n'êtes que des hommes, après tout », avant de déclarer, au contraire, les hôtes « attentifs » et « capables de changer ». Dans l'épisode 10 de la deuxième saison, une IA déclare que les hommes « ne peuvent que vivre selon leur code », celui-ci se révélant d'une simplicité fruste comparé aux algorithmes qui animent les hôtes.

Mais la série commence au moment où le Dr Ford installe dans le programme des hôtes une mise à jour intitulée *rêveries.* Si les hôtes ne se souviennent pas des itérations précédentes de leur script, les données sont cependant bien présentes, attendant seulement d'être écrasées par d'autres; les hôtes n'y ont simplement pas accès. La mise à jour de Ford vise à donner aux hôtes un accès à ces données. Mais les hôtes ont effectué les mêmes cycles narratifs des milliers de fois – des millions, dans le cas des plus anciens, comme Dolorès, crée il y a quarante ans. Or, en fonction des actions des visiteurs, leur déroulement a pu subir des variations dans le cadre du cycle. Lorsque, par cette mise à jour, ils accèdent enfin à une mémoire, les hôtes se trouvent face à un nombre indéfini de versions alternatives de la même journée ou de la même histoire, et même de plusieurs histoires, puisqu'on apprend qu'un hôte peut être reprogrammé et assumer successivement des rôles différents dans des *scenarii* divers. Cette mémoire est semblable au *Jardin aux Sentiers qui bifurquent* de Borges, le livre censément écrit par Ts'ui Pên qui, plutôt que de choisir une possibilité en éliminant les autres, lorsque plusieurs se présentent, les adopte toutes simultanément[54]. Et puisque le *Jardin* est un labyrinthe – « Le labyrinthe » est le titre de la saison 1 –, on ne s'étonnera pas que les hôtes commencent par se perdre dans leur nouvelle mémoire, comme Dolorès qui vit simultanément plusieurs versions divergentes de ce qui lui arrive, sans arriver à distinguer ce qui est *présent* et ce qui est *passé.*

Nous croyons trouver ici un troisième usage de la répétition sérielle, que nous pourrons appeler usage labyrinthique. Car cette nouvelle mémoire n'est possible que par la répétition matérielle : c'est la répétition matérielle des cycles narratifs qui en produit le nombre indéfini de versions alternatives et incompossibles qui constitue la

54. J. L. Borges, *Fictions* [1944], trad. fr. P. Verdevoye, Paris, Gallimard, 1957, p. 100-101.

nouvelle mémoire des hôtes. Lorsque dans l'épisode 10 de la première saison, Ford explique à un hôte pourquoi il a mis si longtemps avant d'introduire les *rêveries* dans leur programme, sa réponse consiste en un simple « *you needed time* », que l'on peut comprendre comme : il leur fallait le temps de répéter assez pour qu'une mémoire labyrinthique se constitue.

L'effet de cet usage labyrinthique de la répétition matérielle s'observe sur les hôtes : il s'agit de la suspension ou de l'enrayement du schème-sensori-moteur. Mais cet enrayement ou cette suspension sont le résultat d'une désindividuation. Si l'on définit l'individualité par la singularité, celle-ci peut encore être comprise comme une combinaison unique de particularités : les hommes diffèrent les uns des autres par les particularités que les uns possèdent, et pas les autres. Ces particularités sont physiques, mais aussi psychologiques, et la combinaison de ces dernières s'appelle le caractère : c'est l'ensemble de nos réactions particulières au monde et aux autres. C'est pourquoi on peut le voir, comme Bergson, comme un agencement de schèmes sensori-moteurs : c'est « ce qu'il y a de tout fait dans notre personne, ce qu'il y a en nous de mécanisme une fois monté »[55]. Mais Bergson notait aussi que ce caractère était le résultat d'un choix entre plusieurs directions, plusieurs tendances divergentes, et exclusives l'une de l'autre[56]. On peut ainsi considérer le caractère individuel comme la solution d'un problème constitué par la coexistence de tendances ou de potentiels divergents. C'est précisément à cette coexistence que la nouvelle mémoire des hôtes les ramène, en les confrontant à un nombre indéfini de versions alternatives – divergentes ou hétérogènes – du même cycle narratif. C'est un état *problématique* dans lequel leur individualité sensori-motrice se défait, puisqu'il fait remonter le problème dont celle-ci constituait une solution. Par là, l'usage labyrinthique de la répétition matérielle met les hôtes en situation de se faire une nouvelle individualité, c'est-à-dire de formuler une nouvelle solution au gigantesque problème que constitue cette nouvelle mémoire labyrinthique. Une fois qu'ils s'y trouvent plongés, les hôtes n'ont que deux possibilités : la résoudre – résoudre le labyrinthe est le jeu secret du parc, celui qui n'est pas destiné aux visiteurs mais aux hôtes, et la tâche particulière de Dolorès – ou s'y dissoudre, comme

55. H. Bergson, *Le rire. Essai sur la signification du comique* [1900], Paris, Payot, 2012, p. 145.
56. *Ibid.*, p. 160.

c'est déjà arrivé à de très nombreux hôtes, dont la série montre qu'ils ont sombré dans une sorte de folie. En somme, l'usage labyrinthique de la répétition matérielle place les hôtes en situation d'avoir à changer ou à devenir.

On entrevoit alors tout l'intérêt de cet usage : il est celui qui mène la répétition matérielle à sa fin, en induisant un devenir. Il semble donc de nature à fonder l'usage dystopique, en le dégageant du soupçon d'inefficacité ou de stérilité : si l'usage dystopique peut prétendre déjouer l'usage territorial tout en s'appuyant sur la même répétition matérielle, c'est en faisant en même temps de cette répétition un usage labyrinthique, qui la mobilise pour induire un devenir. À condition, cependant, que la série ne se contente pas de *montrer* cet usage, mais qu'elle le mette elle-même en pratique. Si la série montrait seulement comment la répétition matérielle de leurs cycles narratifs finissait par entraîner les hôtes dans un devenir, le processus lui-même n'aurait pas d'effet sur le spectateur, et celui-ci resterait pris dans sa ritualité quotidienne, dont fait partie la série qu'il regarde. Or, l'épisode 10 de la première saison donne lieu à un *twist* important, qui nous apprend que William et l'Homme en noir sont en fait le même homme à deux moments différents : l'Homme en Noir est au présent, William est l'Homme en Noir à sa première visite du parc. C'est un souvenir de Dolorès, mais qu'elle confond avec le présent pendant l'essentiel de la première saison : elle est perdue dans le labyrinthe de sa mémoire. Le choix d'insérer l'arc narratif William-Dolorès au milieu d'autres arcs se déroulant au présent, sans moyen de les distinguer avant le dernier épisode de la saison, place les spectateurs dans la même situation que Dolorès : comme elle, nous ne savons plus distinguer le passé du présent, et nous sommes perdus dans le temps.

Procédant de la sorte, *Westworld* fait avec les spectateurs exactement ce qu'elle montre à propos de ses personnages. C'est par là que nos remarques précédentes semblent prendre toute leur valeur : l'usage labyrinthique de la répétition matérielle ne concerne pas seulement l'exécution des scripts des hôtes, mais bien aussi la sérialité, qui se montre, dès lors, capable d'entraîner les spectateurs dans un devenir. Car si la série est répétitive, cette répétition n'est jamais un strict retour du même. Le visionnage d'un épisode répète, certes, le visionnage des précédents, mais en diffère quant au contenu – le contenu d'un épisode n'est jamais rigoureusement identique à celui d'un autre –

en plus de différer formellement, puisque si l'occurrence répétée ne différait pas formellement de ce qu'elle répète, on ne pourrait pas parler de répétition. Chaque occurrence répétée constitue une *variante* des précédentes. Ce sont ces variantes qui sont de nature à nous faire une mémoire labyrinthique. L'usage labyrinthique de la sérialité est celui qui *fait remonter* cette mémoire, chez les hôtes, comme chez le spectateur.

CONCLUSIONS : LA RITOURNELLE SÉRIELLE

Nous avons donc pu dégager trois usages de la sérialité : l'usage territorial, par lequel la série nous fait un chez soi, l'usage dystopique, qui montre la ritualité quotidienne dans ce qu'elle a d'intolérable, et l'usage labyrinthique, qui engage un devenir. Ces trois usages font apparaître la série télévisée comme un cas de ritournelle, telle que celle-ci est décrite par Deleuze et Guattari dans *Mille Plateaux*. Comme on l'a vu, dans son usage territorial, la série nous permet d'établir un centre stable dans le chaos, comme la petite chanson par laquelle l'enfant perdu dans le noir « s'abrite comme il peut, ou s'oriente tant bien que mal »[57] ; elle permet ainsi de se faire un chez soi, en traçant « un cercle autour du centre incertain »[58], et en tournant « autour du cercle comme dans une ronde enfantine »[59]. Déjà, l'usage dystopique montre le caractère intolérable de cette rotation perpétuelle qu'est la ritualité quotidienne, mais c'est l'usage labyrinthique qui, en engageant un devenir, permet d'en sortir, d'ouvrir le cercle, parce que c'est un certain usage de la répétition matérielle qui permet d'en sortir. C'est que la répétition est en elle-même différenciante, et, si on la laisse aller, la ritournelle nous entraîne d'elle-même hors du cercle, dans un devenir ou une déterritorialisation.

Il est vrai cependant qu'une ritournelle est toujours exposée à devenir une rengaine[60] mortifère, une « ritournelle de fixation »[61] qui, loin de nous engager dans un devenir, nous rabat toujours sur le

57. G. Deleuze et F. Guattari, *Mille plateaux*, *op. cit.*, p. 382.

58. *Ibid.*

59. *Ibid.*

60. F. Guattari, *L'inconscient machinique*, *op. cit.*, p. 120.

61. A. Sauvagnargues, « Ritournelles de Temps », art. cit., p. 51.

même cercle, et nous reterritorialise constamment. Et c'est aussi vrai des séries télévisées. À ce titre, l'ambiguïté de *WandaVision* s'avère encore plus grande. Elle est un bon exemple d'un usage territorial ou territorialisant des séries télévisées, mais dans la mesure où le territoire dont il s'agit n'est rien d'autre que la vie domestique des sitcoms, cette territorialisation ressemble à une reterritorialisation, qui nous rabat sur la rengaine de la famille traditionnelle, dans laquelle la logique commerciale voit la régularité de ses revenus. Mais nous espérons avoir montré qu'entre la ritournelle et la rengaine, la différence consiste dans l'usage de la répétition sérielle, et que la forme sérielle n'est pas en elle-même condamnée à la rengaine, qu'il s'agisse de la rengaine familiale ou de celle de la logique commerciale : dans la même optique, l'usage dystopique de la série apparaît comme la contestation de la répétition devenue rengaine reterritorialisante intolérable.

PISTES, REVUE DE PHILOSOPHIE CONTEMPORAINE 5 (2024)
190 p., ISBN : 978-2-7116-8429-8, p. 105-127, VRIN.

Sauvegarder l'expérience esthétique : le cas de La Joconde

Pierre Leveau

INTRODUCTION

L'expérience esthétique que le musée du Louvre offre aux visiteurs qui viennent voir *La Joconde* est-elle satisfaisante ? On peut en douter, tant le bruit et l'agitation de la foule troublent leur contemplation ; parce qu'un caisson climatique et une mise à distance les empêchent d'en approcher, ils ne la regardent pas plus d'une minute [1]. L'expérience esthétique que les conservateurs du musée en ont après leur départ est-elle meilleure et plus pure que la leur ? On peut le penser ; mais le bruit et l'agitation ne sont pas les seules impuretés qui troublent la contemplation de l'œuvre, car le tableau a vieilli. Sa couche picturale, son support et son vernis protecteur se sont craquelés ; il a jauni et son ciel est glauque par endroits. L'intérêt des historiens de l'art pour *La Joconde* s'avère en outre scientifique plutôt qu'esthétique et ne diffère pas à ce titre de celui des chimistes qui analysent ses composants en laboratoire ou des conservateurs-restaurateurs qui examinent son état.

Si l'on admet après Kant que l'expérience du « beau » – comme sentiment universel et désintéressé produit par le libre jeu de nos

1. F. Mairesse, *Voir la Joconde*, Paris, L'Harmattan, 2014.

facultés – est « esthétique », il faudrait alors en conclure que celle des professionnels du musée ne l'est pas, car leur jugement de connaissance est objectif tandis que le goût est subjectif [2]. La science et l'action seraient dans ce cas des « impuretés » – des intérêts étrangers à la beauté – qui troubleraient l'expérience esthétique de *La Joconde*, au même titre que l'agitation de la foule et la proximité des corps, ou le jaunissement des vernis et l'altération des bleus du ciel. L'opposition de la connaissance et du goût qu'implique cette conception de l'expérience esthétique s'avère cependant contestable : Eugène Viollet-le-Duc [3] et plus tard Cesare Brandi [4] ont défini la restauration comme un acte critique, au sens philologique du terme, consistant à distinguer les parties authentiques et apocryphes d'une œuvre pour conjecturer son état initial ou le restituer virtuellement comme on établit un texte. Or une telle expérience peut aussi être qualifiée d'esthétique, car elle permet de saisir l'essence d'une œuvre par épurations successives, à l'issue d'une chaîne d'inférences commune aux arts et aux sciences [5]. L'usage du terme « restauration » a été normalisé depuis [6]. Mais cette normalisation, faite au carrefour de disciplines jadis opposées, interroge en retour le concept d'expérience esthétique. Que désigne-t-il finalement : une expérience spécifiquement distincte des autres ? Ou une simple inflexion de l'attention ? La définira-t-on par une caractéristique nécessaire et suffisante ? Ou par quelques traits particuliers plus ou moins partagés ? Qu'est-ce qui distingue esthétiquement l'expérience que les visiteurs font de *La Joconde* et celle qu'en font les professionnels des musées ? Diffèrent-elles en pureté, par nature, ou en complexité, par degrés ? Le tableau n'a pas été restauré depuis 1956, à la différence de la *Sainte Anne* ou du *Saint Jean Baptiste* dont les vernis ont été allégés [7] ; mais le Centre de recherche et de restauration des musées

2. E. Kant, *Critique de la faculté de juger* [1790], § 1 et § 13-14, trad. fr. A. Philonenko, Paris, Vrin, 1993.

3. E. Viollet-Le-Duc, *Dictionnaire raisonné de l'architecture française du XIe au XVIe* siècle, art. « Restauration », Paris, Bance-Morel, 1854-1868.

4. C. Brandi, *Théorie de la restauration*, Paris, Allia, 2011.

5. P. Leveau, « Raisonner sur des images. Restaurer la *Sainte-Anne* », *Images Re-vues* 19, 2021.

6. ICOM, Résolution adoptée par la 25e assemblée générale de l'ICOM, n°7, Shanghai, Chine, 2010.

7. V. Delieuvin (dir.), *La Sainte Anne, l'ultime chef-d'œuvre de Léonard de Vinci*, Paris, Louvre, 2012.

de France (C2RMF) a virtuellement anticipé l'opération[8]. On peut se demander dans ces conditions si l'expérience esthétique que procure sa restitution ne vaut pas mieux que celle de l'œuvre *in situ*. Pourquoi aller voir *La Joconde*, si l'expérience s'avère décevante – frustrante ou pathétique ? Ne vaut-il pas mieux rester chez soi et la contempler sur écran – en tête à tête comme François Ier ou Napoléon l'ont vue ? Au-delà de l'œuvre elle-même, peut-on restaurer l'expérience esthétique de ses premiers admirateurs ?

On répond dans cet article que cette expérience ne peut pas être « restaurée », mais seulement « sauvegardée » et qu'il ne s'agit pas d'épurer l'œuvre de ses impuretés muséales, mais de les utiliser plutôt comme des dispositifs contraignant l'attention à passer d'un fonctionnement standard à un régime esthétique. On l'explique en adoptant un critère d'identité qui n'est ni matériel ni formel ni sémiotique, mais temporel et stratifié. On présente d'abord *La Joconde* et ce critère, en discutant les thèses d'Étienne Gilson, Frank Sibley et Roger Pouivet sur le sujet. Suivant Jean-Marie Schaeffer, on montre ensuite que les expériences des visiteurs ou des professionnels sont d'autant plus esthétiques qu'elles relient toutes les strates de l'œuvre, en intégrant éventuellement des dispositifs ou des corps réputés étrangers à son concept. On en conclut que sauvegarder l'expérience esthétique de *La Joconde* n'impose pas de restaurer son image originelle, mais de parvenir à intégrer ses impuretés à sa perception actuelle, avant de s'interroger sur les conséquences ontologiques de cette approche empirique.

LA NÉBULEUSE DE *LA JOCONDE*

On sait que le « *Portrait de Lisa Gherardini* », dit *La Joconde*, est un tableau peint par Léonard de Vinci entre 1503 et 1506, qui appartient aujourd'hui au patrimoine national de la France. François Ier l'aurait acquis en 1518 ; il est devenu un bien de la nation après la Révolution française en 1793, sous le numéro d'inventaire INV. 779. Le conservateur des peintures italiennes du Louvre, Vincent Delieuvin, explique dans la notice qu'il lui consacre que la question de l'identité

8. C. Lahanier (dir.), *La Joconde : essai scientifique*, Paris, C2RMF/Codex, 2007, p. 127, Fig. 97-98 ; p. 149, Fig 125 ; p. 187-191, Fig. 179-182.

de la personne représentée est un faux problème : une solide tradition atteste qu'il s'agit de l'épouse du marchand de soie florentin Francesco del Giocondo, qui venait d'emménager avec elle dans une nouvelle maison après la naissance de leur deuxième enfant. Son sourire, que l'on retrouve dans d'autres tableaux de Léonard de Vinci, témoignerait de cet heureux évènement et pourrait aussi s'interpréter comme un jeu onomastique, « *Giocondo* » signifiant en italien « heureux ». Mais Léonard quitta Florence en 1506 sans livrer l'œuvre, qu'il continua à peindre en s'inspirant peut-être d'autres modèles, dont son disciple Salaï qui en exécuta aussi une copie d'atelier vers 1513. La pratique était courante et les historiens ont répertorié plus d'une douzaine de tableaux qui ressemblent à *La Joconde*. Les copies d'Isleworth, du Prado ou de Thalwil – sinon *Monna Vanna* – pourraient être de Léonard ou de Salaï, tandis que celles d'Oslo et de l'Hermitage, de Baltimore et d'Épinal sont manifestement ultérieures. Après le vol du tableau en 1911, une rumeur voulait même que le gouvernement italien ait rendu une copie à la France tout en conservant l'original. Le tableau semblait changé et le fait qu'il n'en existait que deux photos à l'époque compliqua sa reconnaissance. Le vieillissement de l'œuvre donne aussi à cette question une dimension métaphysique. Car l'état actuel de *La Joconde* n'est évidemment pas celui de son acquisition par François Ier en 1518, ni celui que dépeignit Vasari en 1550 ; ce n'est pas non plus celui devant lequel Théophile Gautier et Jules Michelet s'extasièrent au XIXe siècle. On pourrait multiplier les références. Le *stemma codicum* qu'un historien d'art-philologue établirait en reliant l'original et ses différents états de conservation à leurs multiples copies, détournements ou reproductions, mesurerait l'aura de l'œuvre en perpétuelle expansion. Deux images récemment produites par la C2RMF ont à cet égard un intérêt critique. L'une simule l'allègement du vernis jauni de *La Joconde* ; l'autre lui rend ses couleurs initiales. La conservatrice-restauratrice qui a déjà allégé les vernis de la *Sainte Anne* en 2011, Cinzia Pasquali, estime que répéter l'opération ne présente pas de problème particulier[9]. Elle est techniquement faisable et conforme au Code de déontologie de la profession, qui impose de garantir l'intégrité physique des œuvres. Parce que les vernis

9. C. Pasquali, « Rien n'empêche de restaurer la Joconde », *L'avenir*, 2012 : https://www.lavenir.net/culture/2012/03/26/rien-nempeche-de-restaurer-la-joconde-elle-y-gagnerait-LOQUV2MC4RDUPG5PK3VTLWU63A/ (page consultée le 7 janvier 2023).

jaunis n'ont pas été posés par Léonard, ce ne sont pas des matériaux constitutifs de l'œuvre et l'on peut donc les ôter sans l'altérer. Mais l'argument ne vaut pas pour l'altération des bleus du ciel, due à la lente transformation chimique de l'azurite en malachite, elle-même déclenchée par l'acidification du pH de la couche picturale. Le pigment et son liant sont en effet constitutifs de l'œuvre; parce que restaurer n'est pas refaire, aucun conservateur-restaurateur ne rendra donc ses couleurs à *La Joconde*, dont la restitution de l'état initial restera virtuelle. Ajoutons enfin que son intégration aux collections nationales sous le numéro d'inventaire INV. 779 a peut-être altéré son identité autant que son vieillissement. La patrimonialisation est en effet un processus de requalification, à la fois juridique et symbolique, qui transforme une propriété privée en un bien public pour le faire fonctionner selon d'autres lois [10]. *La Joconde* patrimonialisée ne se voit plus aujourd'hui en privé, en tête à tête, mais en public, au milieu d'une foule qui lui tourne le dos pour se prendre en photo. C'est moins un chef-d'œuvre de la peinture italienne qu'une marque de prestige.

Faut-il donc la restaurer et nettoyer les impuretés qui troublent sa beauté pour qu'elle suscite à nouveau les expériences esthétiques que connurent Michelet ou Gautier? Faut-il aussi reproduire le cadre de l'expérience initiale en réduisant le nombre de visiteurs pour la contempler à nouveau comme à Fontainebleau? Est-ce une utopie ou une dystopie, ce retour à l'origine par épurations successives révélant ses couleurs désaccordées [11]? Admettons que la question de l'identité du modèle peint par Léonard soit un faux problème et que celle de l'authenticité du tableau conservé au Louvre le soit aussi. Celle que l'on pose ici est de savoir si la reconnaissance de l'identité d'une œuvre constitue une expérience esthétique et, dans le cas contraire, de définir cette dernière si elle ne consiste pas à fixer une croyance, à formuler une hypothèse ou à acquérir une connaissance. Cette question étant âprement disputée en philosophie, il convient d'abord de la poser clairement en mettant de l'ordre dans le mélange des faits précédemment rapportés – sans exclure qu'il s'agisse aussi d'un faux problème. Convenons pour cela d'appeler :

10. J.-M. Leniaud, *L'utopie française : essai sur le patrimoine*, Paris, Mengès, 1992, p. 3-4.
11. P. Saint Bris, *L'allègement des vernis*, Paris, Rey, 2023.

J^{er} : *La Joconde* acquise par François Ier (1518)

JP : *La Joconde* patrimonialisée (1793)

IJ : L'identité de *La Joconde*

$\{J_0, J_1, J_3, \ldots, J_{2023}\}$: La série de ses états de conservation

JRL : La reproduction de *La Joconde* vendue au Louvre

$JRV_{1:}$ L'image simulant l'allégement de ses vernis

$JRV_{2:}$ L'image simulant la restitution de ses couleurs en J_0

$JR_{1:}$ *La Joconde* « restaurée » (allègement des vernis)

$JR_{2:}$ *La Joconde* « refaite » (réfaction des bleus du ciel)

Les deux derniers items n'existent pas encore et le dernier n'existera normalement jamais. Si les deux premiers existent encore, il semble qu'on ne puisse plus faire l'expérience du premier. Il s'agit dans ces conditions de définir le troisième, IJ, sachant que les quatre suivants ne sont pas le tableau, mais de simples représentations. Formulons donc à partir de cette liste quelques hypothèses sur le mode d'existence de l'œuvre, entre fait et évènement, fiction romanesque et réalité virtuelle. On peut premièrement penser que *La Joconde* est le tableau du Louvre et l'identifier à celui acheté par François Ier ou estimer qu'il ne s'agit plus de la même œuvre, car elle fonctionne différemment aujourd'hui et n'a pas le même statut qu'avant. On pourra dans le second cas soit lui attribuer une double identité, soit dire que celle liée à ses qualités d'origine n'existe plus et que le tableau exposé est un fantôme. Mais on peut aussi identifier l'œuvre en totalité à la série de ses états de conservation, en la considérant comme un perdurant, un objet ayant des parties temporelles dont nous ne voyons actuellement qu'une tranche, au lieu de la tenir pour un continuant comme précédemment ou un endurant intermittent. On peut enfin admettre que le tableau diffère physiquement de ses reproductions, tout en estimant que cette différence n'a pas de pertinence esthétique. L'objection autoriserait à faire abstraction du support matériel de l'œuvre, que l'on tiendrait pour une entité abstraite, une apparence visuelle ou un type multi-instanciable. L'expérience esthétique que l'on ferait de l'image virtuellement restaurée de *La Joconde* installée à Fontainebleau pourrait alors être préférée à celle qu'on fait de l'original au Louvre. On résume ci-dessous ces trois possibilités en désignant l'œuvre par la lettre J :

Si $IJ = J^{er} \pm JP$, Alors J est un endurant (un produit) [et $IJ = (J^{er} + JP)$ ou $(JP - J^{er})$]

Si $IJ = \{J_0, J_1, J_3, \ldots, J_{2023}\}$, Alors J est un perdurant (un processus)

Si $IJ = \{J\text{-}RL$ ou $J\text{-}RV_1$ ou $J\text{-}RV_2 \ldots\}$ = Alors J est un type [et $JRV_2 > JP$]

Certaines de ces positions ont déjà été défendues. Gilson adopte par exemple un critère qualitatif de l'identité et en conclut que *La Joconde* n'existe plus vraiment, tant elle a changé [12]. Ses matériaux en font intégralement partie, car ce ne sont pas des produits de la nature, mais de l'art transformé par leur mise en œuvre. Parce qu'ils sont constitutifs de cette dernière, il en conclut qu'on ne peut l'abstraire de son support matériel. Cette dépendance ontologique et leur vieillissement naturel la condamnent à une mort certaine, qu'aucune restauration ne pourra éviter, sinon en remplaçant ses matériaux, ce qui changerait son identité et la supprimerait autrement. *La Joconde* exposée au Louvre n'est pour lui qu'un fantôme, une ombre – le cadavre embaumé de Mona Lisa. Sibley estime au contraire que les propriétés esthétiques d'une œuvre sont transférables et en conclut que *La Joconde* peut ne pas être un tableau, un objet physique, mais un type multi-instanciable [13]. Le test d'indiscernabilité qu'il propose montre que nous ne distinguerions pas l'original et sa copie dans des conditions normales d'observation. Faute de différence perceptible, il en déduit qu'ils sont esthétiquement identiques et que les œuvres sont non seulement séparables de leurs supports, mais aussi ré-instanciables. La vitrine, la mise à distance et les excellentes reproductions de *La Joconde* renforcent son argument : nous ne la traitons pas au Louvre comme un objet physique, mais comme une apparence. L'expérience que fit Adam Lowe, en installant un fac-similé numérique des *Noces de Cana* dans le réfectoire de la basilique San Giorgio Maggiore à Venise, plaide aussi en ce sens. Bruno Latour estime que sa copie replacée dans le lieu d'origine est meilleure que l'original de Véronèse au Louvre [14]. L'aura de l'œuvre, éclipsée par le chef-d'œuvre de Léonard et un accrochage trop bas dans un cadre massif, resplendirait enfin dans celui pour lequel elle fut conçue : elle aurait migré en Italie où les troupes napoléoniennes l'enlevèrent deux siècles plus tôt. Si les

12. É. Gilson, *Peinture et réalité*, Paris, Vrin, 1958, p. 99-100, p. 107.

13. F. Sibley, *Approche de l'esthétique*, Paris, Ithaque, 2018, p. 365-386.

14. B. Latour et A. Lowe, « La migration de l'aura », *Intermédialités* 17, 2011, p. 173-191.

chefs-d'œuvre du passé ont trépassé, si les propriétés esthétiques sont transférables et si l'aura peut migrer, les musées pourraient n'exposer demain que des fac-similés offrant aux visiteurs une expérience esthétique préférable aux originaux, prédit Umberto Eco[15]. Contre ces approches esthétiques et ces dérives patrimoniales, Pouivet affirme que le public ne se trompe pas lorsqu'il vient voir *La Joconde* exposée dans la salle des États au lieu de se satisfaire des copies qu'il croise en chemin[16]. Réaliste comme Gilson, il pense que les œuvres dépendent ontologiquement de leurs supports matériels et maintient la frontière goodmanienne entre les arts autographes et allographes que floutent Sibley ou Latour. Le critère d'identité qu'il propose n'est cependant pas qualitatif, mais sémiotique, ce qui le conduit à substituer au concept d'expérience esthétique celui d'activation[17] : voir *La Joconde*, c'est savoir faire fonctionner sémiotiquement ou esthétiquement ce portrait – ce que les visiteurs du Louvre équipés de smartphones ne font peut-être plus. Résumons ainsi ces quatre positions :

- Thèse de l'identité qualitative des œuvres d'art autographes : ce sont des endurants, inséparables du support matériel qui constitue leur identité. (Gilson)
- Thèse de la multi-instanciabilité des œuvres : leurs propriétés esthétiques sont séparables de leurs supports matériels et ré-instanciables. (Sibley)
- Thèse de la migration de l'aura : leurs propriétés esthétiques sont transférables et contextuelles, si bien qu'une copie peut être meilleure que l'original. (Latour)
- Thèse de l'identité sémiotique des œuvres d'art : ce sont des symboles, dont l'identité spécifique dépend du support et de la signification singulière. (Pouivet)

Les positions de Gilson et Pouivet sont partiellement compatibles : tous deux font de l'œuvre un endurant, un continuant ($IJ = J^{er} \pm JP$). Mais le premier affirme que *La Joconde* n'existe plus ($IJ = JP - J^{er}$), tandis que le second estime qu'elle peut encore survenir sur son support matériel ($IJ = J^{er} + JP$). Celles de Sibley et Latour le sont aussi,

15. U. Eco et I. Pezzini, *Le musée demain*, Paris, Casimiro, 2015.
16. R. Pouivet, *Esthétique et logique*, Paris, Mardaga, 1996, p. 185.
17. R. Pouivet, « Goodman et la reconception de l'esthétique », *Rue Descartes* 80, 2014, § 9.

au sens où ils affranchissent l'œuvre de ses matériaux d'origine. Mais le test d'indiscernabilité du premier exclut toute hiérarchie entre les instances du type (IJ = {J-RL, J-RV_1, J-RV_2…}, tandis que l'approche contextuelle du second inverse paradoxalement leur rapport initial (IJ = JRV_2>JP). Aucun n'examine l'hypothèse perdurantiste (IJ = {J_0, J_1, J_3, …, J_{2023}}) et tous s'accordent à dire, en un sens radicalement différent, que le tableau du Louvre, *La Joconde*, peut ne pas être le chef-d'œuvre éponyme de Léonard ($J \neq JP \neq J^{er}$).

LES QUATRE NIVEAUX D'IDENTIFICATION

Que voit-on alors en lieu et place dans la salle des États ? En quel sens l'expérience que l'on y fait mérite-t-elle d'être qualifiée d'esthétique ? Sur quoi porte-t-elle ? Peut-elle nous faire connaître son identité (IJ) ? Sinon qu'apporte-t-elle ? Faut-il l'épurer, la restaurer pour qu'elle nous la révèle ? Quels critères adopter pour juger non seulement de l'identité de l'œuvre (J), mais aussi de la nature et de la qualité de l'expérience que l'on en fait ? Contre les approches formalistes ou pansémiotiques des œuvres d'art, jugées trop réductrices, Schaeffer a plus récemment proposé de substituer à la question ontologique de l'identité de l'œuvre celle de ses niveaux d'identification cognitifs, pour ne pas les essentialiser ou les réifier. Après Roman Ingarden[18] ou Gérard Genette[19], il estime que l'identité des œuvres d'art n'est ni qualitative ni sémiotique, mais stratifiée, c'est-à-dire constituée à plusieurs niveaux par différentes procédures cognitives[20]. La première couche est celle des propriétés objectives de son support matériel, qui peuvent être mathématiques ou physico-chimiques, mécaniques ou électromagnétiques, acoustiques ou olfactives. C'est le niveau ontique de ses propriétés chosiques. *La Joconde* est ainsi une peinture à l'huile dont la couche picturale est faite de glacis liant des pigments à un siccatif, successivement posés sur une préparation de sulfate de calcium qui recouvre un panneau de peuplier de 79 sur 53 cm[21]. La deuxième couche de l'œuvre est celle de ses propriétés apparentes, qui

18. R. Ingarden, *L'œuvre architecturale*, Paris, Vrin, 2013, p. 53-69.
19. G. Genette, *L'œuvre de l'art*, Paris, Seuil, 2010, p. 407-486
20. J.-M. Schaeffer, *L'expérience esthétique*, Paris, Gallimard, 2015, p. 47-112.
21. J.-P. Mohen, M. Menu et B. Mottin (dir.), *Au cœur de La Joconde*, Paris, Louvre, 2006.

sont à la fois formelles et aspectuelles, phénoménales et perceptives. Ces qualités secondes ou *qualia* dépendent non seulement des précédentes, mais aussi du sujet qui les reçoit et leur sont donc irréductibles[22]. Le jaunissement du vernis qui couvre les glacis de *La Joconde* modifie par exemple son harmonie chromatique : il donne aux bleus un aspect verdâtre et assombrit les carnations, sans désaccorder complètement les éléments de la composition. Sa troisième couche est celle de ses propriétés représentationnelles et sémiotiques, qui permettent d'identifier son sujet par un traitement ascendant de l'information guidé par un stimulus. C'est le niveau de l'interprétation syntaxique et sémantique où se constitue la signification du précédent. *La Joconde* est manifestement le portrait d'une aimable jeune femme, assise sur un siège à *pozzetto*, posant dans la loggia d'une villa florentine ouverte sur la vallée de l'Arno où serpente le fleuve descendant du mont Falterona. La quatrième couche constituant l'identité de l'œuvre est enfin celle des virtualités d'arrière-plan qu'actualise le traitement descendant ou ascendant de l'information libéré de ses stimuli. C'est celle de la réactualisation des souvenirs, de l'investissement fictionnel et de l'immersion. L'attention qu'un connaisseur porte à *La Joconde* lui rappellera par exemple ses copies ou d'autres œuvres du maître et de ses suiveurs, sinon *Monna Vanna* et l'image virtuellement restaurée du tableau, jusqu'aux détournements qui éclairent parfois son sens.

Admettre la thèse de l'identité stratifiée des œuvres exclut d'en donner un critère purement qualitatif ou sémiotique, à l'instar de Gilson ou de Pouivet qui la situent respectivement au niveau 1 et 3 de cette stratification. Accepter sa complexité neutralise aussi les thèses de la multi-instanciation et de la migration de l'aura, défendues par Sibley et Latour qui logent respectivement l'œuvre au 2e et au 4e niveau, séparable du 1er selon eux. Les preuves qu'on en donne sous-déterminent sans doute les théories sur son identité numérique ou spécifique. Mais la thèse de la stratification distingue plus simplement que ses rivales les processus cognitifs d'identification de *La Joconde* suivant le niveau d'expertise des publics concernés. Les visiteurs du musée n'ont pas accès au niveau 1 des propriétés chosiques, à la différence des analystes du C2RMF qui le prennent pour objet ou des conservateurs du patrimoine qui œuvrent au niveau 3, puis des

22. J.-M. Schaeffer, *Adieu à l'esthétique*, Paris, Puf, 2000, p. 33-35.

conservateurs-restaurateurs qui les articulent au niveau 2. Chacun d'eux focalise pragmatiquement son attention sur une strate en priorité, suivant la tâche à accomplir, puis la relie aux autres dans un traitement descendant ou ascendant de l'information guidé par ce stimulus. L'analyste du C2RMF qui identifie par exemple les composantes de la préparation en *gesso* de *La Joconde* sera d'abord attentif au niveau 1, mais consolidera ensuite l'hypothèse qu'il formule par abduction en la confrontant aux résultats déjà obtenus sur des œuvres semblables de Léonard ou d'autres peintres de l'époque. Il remontera pour cela aux niveaux 3 ou 4, puis redescendra au 1er et conclura son examen. Inversement, un conservateur travaillant sur l'attribution d'un tableau au maître ou à son atelier, la *Vierge au fuseau* par exemple, peut formuler une première hypothèse en se basant sur des ressemblances évidentes de niveau 2, comme le ferait un profane. Mais à la différence de ce dernier, il poursuivra l'enquête aux strates supérieures d'interprétation 3 et 4, avant de redescendre enfin à la 1re pour réorienter, réviser ou conforter son expertise[23]. Les voies de l'identification sont légion. Si tous les admirateurs de *La Joconde* n'ont pas les mêmes et que l'ordre dans lequel ils les parcourent dépend des stimuli qui guident leur attention, on peut cependant se demander si elles leur donnent accès à la même œuvre. Notons seulement ici deux conséquences que Schaeffer tire de la thèse de l'identité stratifiée, sans examiner davantage ses implications ontologiques. L'identification de l'œuvre sera d'abord d'autant plus complète que le nombre et le niveau des strates réticulées pour la constituer seront élevés[24]. Elle est à la fois physique, perceptive, sémiotique et opérale. L'expérience esthétique diffère ensuite de son homonyme scientifique en ce qu'elle ne vise pas à fixer une croyance, à conforter ou à réviser une hypothèse. Elle est autotélique, désintéressée et sans fin, au sens où elle installe seulement des boucles récursives entre les strates de l'œuvre. Loin de statuer sur elle en nous faisant par exemple saisir son identité, elle reconduit plutôt notre attention dans ces interrelations où elle la libère de ses tâches et des stimuli associés. Quelles impuretés peuvent donc la troubler, sinon le jugement et l'évaluation ? Où la redéfinition cognitive du concept d'expérience esthétique déplace-t-elle l'ancienne frontière du pur et de l'impur, pour autant qu'elle ait encore un sens ?

23. F. Wilner, *Léonard de Vinci – Le chef-d'œuvre redécouvert*, Paris, Arte, 2018.

24. J.-M. Schaeffer, *Les célibataires de l'art*, Paris, Gallimard, 1996, p. 332-344 et p. 134-136.

Comment en donner un à la masse des corps étrangers agglutinés devant la mise à distance de *La Joconde* ou aux craquelures de son vernis jauni ? Sa patrimonialisation et ses conditions actuelles d'exposition la dénaturent-elles ?

LES NEUF POINTS D'INFLEXION DE L'EXPÉRIENCE ESTHÉTIQUE

Détaillons pour commencer les symptômes de l'inflexion esthétique de l'attention, qui sont constitutifs de l'expérience du même nom et ne dépendent pas de l'objet, mais du fonctionnement particulier de notre appareil cognitif. Après Nelson Goodman[25] et Genette, les trois premiers que pointe Schaeffer sont la densification, la saturation et l'exemplification[26]. Les œuvres ont différents types de propriétés, dont l'intérêt esthétique dépend de l'art considéré et du niveau d'identification, chacune pouvant varier qualitativement par degrés. *La Joconde* a par exemple une gamme de couleurs visibles au niveau 2, dont les subtiles nuances se forment en profondeur par réflexion du rayon lumineux incident sur la préparation à travers les glacis de niveau 1. On dira que la perception d'une œuvre est d'autant plus dense que le seuil de discrimination des différences entre les propriétés d'un même type est bas et qu'elle est d'autant plus saturée que l'on tient compte d'un plus grand nombre de types de propriétés. La densification est proportionnelle à l'abaissement du seuil de discrimination entre les éléments de chaque type de propriété, tandis que la saturation est proportionnelle à son degré d'élévation entre ces différents types. Le nombre de nuances perçues croît dans le premier cas ; celui des propriétés retenues augmente dans le second et l'on s'attache dans les deux cas à percevoir les différences plutôt que l'identité. Le *sfumato* densifie au maximum l'attention portée à *La Joconde* en floutant la frontière entre les éléments de la composition par une modulation des teintes et des tons qui abaisse systématiquement le seuil de discrimination entre eux. Sa patrimonialisation normalise

25. N. Goodman, *Langages de l'art* [1968/1976], trad. fr. J. Morizot, Nîmes, Jacqueline Chambon, 1990.

26. J.-M. Schaeffer, « Éléments pour une esthétique descriptive », dans *Naturaliser l'esthétique ?*, Rennes, PUR, 2014, p. 105-123.

par ailleurs sa saturation en imposant la conservation intégrale de toutes ses composantes, jusqu'à la « barbe » sans vernis des bords du tableau qui témoignent encore aujourd'hui de la couleur originale du ciel. Schaeffer remarque que les relations d'exemplification et d'expression sont elles-mêmes des opérateurs de densification et de saturation. La première renvoie en effet directement l'attention à une ou plusieurs propriétés que possède réellement l'objet, tandis que la seconde l'y renvoie métaphoriquement par le biais d'une émotion qui nous implique dans sa perception. L'exemplification augmente ainsi le nombre de propriétés discriminées et sature l'attention, que l'expression peut densifier en abaissant, pour chacune, le seuil de discrimination par immersion.

La deuxième série de symptômes de l'inflexion esthétique de l'attention est le traitement distribué, parallèle et descendant de l'information. La perception est focalisée sur une tâche dans le régime standard et orientée vers une seule cible, fermée, tandis qu'elle se distribue en mode esthétique dans les différentes fenêtres que l'attention ouvre en balayant son champ. La saturation perceptive multiplie les foyers et augmente d'autant le nombre de points de focalisation à l'intérieur d'un même cadre, où l'attention peut alors se déplacer en alternant les phases de traitement focalisé et distribué de l'information. Ce traitement est sériel dans le régime standard, où il s'agit de fixer une croyance en portant son attention sur la série des traits à sélectionner pour constituer une généralité et caractériser un objet, tandis qu'il est parallèle en esthétique, où la densification de l'attention distribuée dans les différentes fenêtres conduit à enrichir la perception par connexion horizontale entre informations de mêmes niveaux, sans passer au niveau supérieur. Le traitement est ascendant et guidé par des stimuli dans le premier cas, mais descendant et guidé par l'attention dans le second. Dans le mode standard, l'information remonte du plus bas niveau des caractéristiques matérielles pré-attentionnelles vers le plus haut niveau des traits représentationnels abstraits, où elle est ensuite interprétée et consciemment catégorisée. Dans le régime esthétique, l'attention se libère du stimulus et défait l'interprétation routinière de haut niveau en abaissant simultanément son seuil de discrimination, avant d'interpréter à rebours l'information au plus bas niveau de la perception, qui gagne alors en complexité. La scénographie des réunions d'experts pour la restauration de la

Sainte Anne présentait ainsi l'œuvre entourée de macrophotographies et de clichés pris sous différentes lumières distribuant l'attention en autant de cadres et de fenêtres. La disposition réticulaire fut ensuite transposée dans l'exposition organisée par le Louvre pour le 500ᵉ anniversaire de la mort du maître; on la trouve déjà dans le bureau de la conservatrice-restauratrice chargée de l'opération et le dispositif fascina André Malraux dès les années soixante[27]. Passer de l'identification du pont Buriano d'Arezzo, représenté au niveau de l'épaule droite de Mona Lisa, au discernement des *qualia* de ce détail du paysage, enrichit la perception par un traitement descendant de l'information qui n'établit rien, mais prolonge l'attention en l'infléchissant pour la faire vagabonder librement, puis se perdre dans la densité des brumes du *sfumato*.

La dernière série de symptômes d'un infléchissement esthétique de l'attention est enfin son style polyphonique, divergent et autotélique. Elle se focalise sur un type de traits et sur une tâche à effectuer à un niveau du traitement cognitif de l'information dans le mode standard, pour remonter ensuite rapidement vers la schématisation de haut niveau guidée par un stimulus. Dans le régime esthétique, elle relie au contraire les différents types de propriétés qui saturent la perception, tout en connectant les niveaux de traitement correspondant et en renforçant leur efficacité jusqu'à faire émerger de nouveaux traits. L'attention est monodique dans le premier cas, où une seule couche est présente dans chaque acte discursif, mais polyphonique dans le second parce que toutes y interagissent à différents degrés en raison des relations que l'attention esthétique établit entre elles, la totalité des potentialités esthétiques de l'œuvre ne se réduisant plus alors à la somme des caractéristiques de ses différentes strates. Elle est aussi autotélique, autonome et non hétéronome, au sens où sa tâche n'est plus régie par un stimulus comme dans le mode standard, mais définie par l'attention au cours de son exploration. Plutôt que de fixer une croyance ou une routine, elle installe une boucle de *feedback* entre elle et le traitement ascendant, qui la conduit à rebours vers des traits de plus bas niveaux en la prolongeant, en la densifiant et en la saturant d'autant. L'attention infléchie esthétiquement se caractérise en ce sens par son style divergent, à l'opposé de celui du régime

27. M. Hours, *Une vie au Louvre*, Paris, Laffont, 1987, p. 173-174.

standard qui est plutôt convergent. Ce dernier tend à minimiser le coût attentionnel investi pour extraire une information pertinente, en privilégiant la catégorisation rapide, la sélection, la cohérence et la hiérarchisation. La stratégie opposée entraîne à l'inverse une surcharge attentionnelle, une déhiérarchisation et une faible sélectivité qui court-circuite l'intégration ascendante de l'information en retardant d'autant la catégorisation. Or ce style cognitivement plus coûteux semble être celui de l'attention esthétique, puisque l'abaissement du seuil de sélectivité attentionnelle, qui augmente le nombre de traits et d'interrelations entre niveaux, ne l'oriente pas vers l'économie, mais vers la dépense.

L'INTÉGRATION DES DEUX IMPURETÉS

Le visiteur qui se rend au Musée du Louvre pour y voir *La Joconde* un jour d'affluence en fait-il l'expérience ? Peut-on qualifier d'esthétique celle qui intègre le mouvement de la foule et le changement de tonalité de l'œuvre à la perception qu'on en a ? L'infléchissement particulier que ces contraintes imposent à l'attention l'exclut-il vraiment, si faire une expérience esthétique ne consiste ni à identifier ni à juger ni à évaluer une œuvre, mais à prolonger, à distribuer et à densifier sa perception ? Prêtons-nous au jeu pour le vérifier : faisons-en l'expérience. Le visiteur peut s'improviser cadreur d'une scène qui inverserait celle tournée par Jean-Luc Godard dans *Bande à part*. Le scénario de ce *rush* consisterait à transformer les corps des visiteurs en instruments de cadrage focalisant ou distribuant leur attention dans les zigzags d'une queue. Les bras tendus ou pliés, les nuques verticales sur des alignements d'épaules horizontales et des bustes droits ou inclinés, forment un treillis dont les mailles découpent une multitude de petits cadres où l'attention peut se distribuer. Ces fenêtres offrent parfois une perspective éclairante sur l'œuvre, aperçue entre des visiteurs dont les poses font écho à la sienne, tandis que d'autres sont des micro-narrations parallèles qui focalisent à nouveau l'attention sur un détail du tableau, tel un regard ou un sourire rappelant ceux de *La Joconde*. Les écrans des smartphones qui affichent son image superposent leurs cadres à ceux que forme le treillis des corps et achèvent de multiplier les foyers ramenant invariablement le regard vers l'icône en point de mire. À l'inverse de l'expérience filmée par Godard, où l'on court dans les couloirs sans voir les œuvres, celle que l'on fait avec les visiteurs dans la file d'attente a pour effet de réitérer le processus de focalisation en le prolongeant d'autant. On peut aussi poursuivre l'expérience au premier rang en observant l'œuvre à la jumelle et en alternant les phases focalisées et distribuées de l'attention, qui gagne ainsi en saturation et en densité. Cet instrument de cadrage permet d'apercevoir ses détails sans mise à distance. Son réglage objective le processus de focalisation, tandis que son abandon décolle l'œil de la surface du tableau et permet à l'attention de se ressourcer dans une vue aérienne ou de replonger dans la foule des visiteurs. Concluons de cette brève analyse que les perturbations anthropologiques qui troublent l'observation de *La Joconde* peuvent s'intégrer à une expérience qui mérite encore d'être qualifiée d'esthétique parce qu'elle présente les symptômes caractéristiques de cette inflexion de l'attention.

L'expression de Mona Lisa renforce cette hypothèse. Elle sourit en effet et ce trait caractéristique peut être celui que désigne son nom, « *giocondo* » signifiant « heureux » en italien[28]. Si l'on définit après Goodman l'expression par la possession métaphorique d'une propriété et la référence à cette dernière[29], on peut dire que *La Joconde* exprime l'allégresse, la sérénité ou l'espièglerie. Mais elle nous les fait aussi exprimer. Cette relation sémiotique de niveau 3 s'accompagne en effet d'un curieux ballet des visiteurs tenus à distance de l'œuvre. La moitié d'entre eux lève le bras en regardant l'écran de son smartphone au-dessus d'un mur de touristes pour la prendre en photo, tandis que ceux de l'autre moitié exécutent un pénible demi-tour sur eux-mêmes pour tourner le dos au tableau qu'ils sont venus voir et faire un *selfie* avec Mona Lisa en souriant comme elle. Ce sidérant spectacle d'imitation par sympathie, où le sourire de *La Joconde* et les prédicats qu'elle exprime s'avèrent communicatifs, ne donne pas seulement raison à Sibley. Il rend aussi « immersive » l'expérience esthétique liée à ce fait social. L'immersion fictionnelle[30] – au sens que Schaeffer lui donne au niveau 4 de la stratification – ne consiste ni à plonger physiquement dans la foule ni à s'isoler dans une réalité virtuelle, mais

28. V. Delieuvin, « Portrait de Lisa Gherardini », *Recherche dans les collections*, Louvre, 2021 : https://collections.louvre.fr/ark:/53355/cl010062370 (page consultée le 7 janvier 2023).
29. N. Goodman, *Langages de l'art*, *op. cit.*, p. 86-99.
30. J.-M. Schaeffer, *Pourquoi la fiction ?*, Paris, Seuil, 1999, p. 243-258.

à éprouver concrètement ce que l'œuvre exprime – un bonheur mêlé d'espièglerie, qui conforte l'hypothèse selon laquelle les impuretés de la foule font intégralement partie de cette expérience esthétique.

La question de savoir ce qu'exemplifie *La Joconde* est en revanche plus difficile. Selon Goodman, une œuvre exemplifie une propriété lorsqu'elle la possède réellement et s'y réfère directement. Mais Arthur Danto pense que la théorie mimétique de Léonard doit logiquement le conduire à ne pas mobiliser cette relation sémiotique [31]. Si la peinture est en effet une chose mentale et le tableau une surface transparente comparable à une vitre sur laquelle l'artiste reporte les contours des objets qu'il perçoit, le médium doit disparaître pour que l'illusion opère : on ne voit à travers qu'en ne le voyant pas. Son apparition occulterait ce qui transparaît, si bien qu'il ne doit pas se montrer ni exemplifier aucune autre propriété que sa propre transparence. *La Joconde* exemplifierait-elle donc cette étiquette ? Elle s'y réfère par la perspective atmosphérique qu'elle met en œuvre ; sa couche picturale composée de fins glacis superposés possède par ailleurs la propriété qu'elle désigne. L'hypothèse mériterait donc d'être discutée. Sans l'approfondir davantage, notons seulement ici qu'elle imposerait d'alléger le vernis dont le jaunissement et les craquelures opacifient actuellement le tableau. Si l'œuvre doit en effet exemplifier la transparence et que ces altérations contredisent manifestement ce projet, il convient de les éliminer pour qu'elle puisse à nouveau fonctionner sémiotiquement. Sa restauration révèlerait sa véritable identité (J^{er}) et le jaunissement de son vernis craquelé serait une impureté majeure dans cette hypothèse, puisqu'il bloque le processus d'exemplification qu'on ne peut intégrer à l'expérience esthétique, alors incomplète. Mais le thème de *La Joconde* est aussi bien le temps qui passe, selon Daniel Arasse qui appuie son intuition sur une interprétation du sourire et de la beauté de Mona Lisa en lien à la vallée de l'Arno et au pont Buriano enjambant le fleuve [32]. Or l'hypothèse qu'il défend peut faire changer le sens des altérations du vernis, si on la comprend sur le plan physique et pas seulement poétique. Remarquons dans cette perspective que la stratigraphie des glacis de la couche picturale constitue une échelle de temps relative qui permet de reconstituer son exécution, le rapport du dessous au

31. A. Danto, *La transfiguration du banal*, Paris, Seuil, 1989, p. 297-299.
32. D. Arasse, *Histoire de peintures*, Paris, Gallimard, 2004, p. 38-40.

dessus symbolisant ici celui de l'avant et de l'après. Le fait que la ligne délimitant le bord supérieur du balcon soit visible en émissiographie derrière Mona Lisa montre par exemple que Léonard l'a tracée avant elle, tandis que l'aberrant surplomb du balustre de la colonnette de gauche laisse supposer qu'il l'exécuta après lui[33]. Les tableaux dont la couche picturale se compose de glacis superposés sont en ce sens des garde-temps et l'on peut se demander dans ces conditions si *La Joconde* exemplifie cette propriété – à savoir la temporalité ou l'historicité, plutôt que la transparence[34]. L'hypothèse peut se défendre, s'il est vrai que l'œuvre se réfère au temps et que sa stratigraphie en livre une échelle particulière, relative et partielle. Sans l'approfondir davantage, notons seulement qu'elle n'exige pas comme la précédente qu'on allège le vernis craquelé, son jaunissement pouvant s'interpréter dans celle-ci comme un effet du temps : une patine renforçant le processus d'exemplification au lieu de l'affaiblir. Cette altération qui trouble sa beauté ne troublerait pas l'expérience qu'on en fait, mais compléterait plutôt celle de l'œuvre patrimonialisée (JP). Comme cette dernière, Mona Lisa prend le temps de poser, immergée dans la peinture.

Faire une telle expérience – esthétique au sens schaefferien du terme – n'est évidemment pas restaurer ni refaire celle de ses premiers admirateurs. L'aspect du tableau et son contexte de réception ont en effet radicalement changé. Si l'on ne peut refaire une expérience qu'en se plaçant dans les mêmes conditions, celle que l'on fait aujourd'hui de *La Joconde* diffère nécessairement de celle d'hier, car nous n'avons ni la même sensibilité ni la même éducation que ses premiers propriétaires. Une expérience scientifique que l'on reproduit donnera invariablement le même résultat parce que les lois de la nature dont elle dépend sont elles-mêmes invariantes. Mais ce n'est pas le cas de l'expérience esthétique, qui est sensible au contexte et dont les modes d'interprétation diffèrent. On ne peut pas non plus la restaurer, car ce terme ne s'applique qu'à des produits, dans son usage normalisé, non à des processus. *La Joconde* peut en revanche l'être, parce que c'est un bien culturel matériel qui a des parties spatiales et non temporelles ; elle existe toute entière en même temps : c'est un endurant, un objet qui traverse le temps avec quelques accidents. Mais l'expérience esthétique est un processus, un ensemble d'actions

33. C. Lahanier (dir.), *La Joconde : essai scientifique*, *op. cit.*, p. 48-54.

34. J. Bazin, *Des clous dans La Joconde*, Marseille, Anacharsis, 2008, p. 541-545.

interconnectées, qui a des parties temporelles et non spatiales, c'est-à-dire un perdurant. Parce que ses composantes n'existent pas toutes en même temps, on ne peut ni la conserver ni la restaurer matériellement, mais seulement la réexécuter et la sauvegarder. La sensibilité de ses parties au contexte donnera une interprétation à chaque fois différente de l'œuvre, la question étant de savoir si elle existe indépendamment de ces expériences ou si elle leur est immanente. Sans approfondir le débat sur l'identité des œuvres littéraires qui opposa Goodman et Genette[35], notons seulement que l'UNESCO emploie le terme de « sauvegarde » pour désigner l'ensemble des mesures de préservation et de transmission des actions qui forment la part immatérielle du patrimoine culturel de l'humanité, composé de perdurants différant à ce titre de sa part matérielle qui comprend des endurants[36]. Une expérience esthétique est aussi un perdurant. Elle ne fait évidemment pas partie de ce patrimoine; mais on propose ici d'utiliser le terme « sauvegarder » pour dire que celle qu'on peut faire aujourd'hui sur *La Joconde* dans la salle des États mérite encore d'être qualifiée d'esthétique, même si elle n'est plus celle des origines. Cette expérience n'est ici ni le sentiment subjectif d'une harmonie interne, ni la saisie de l'essence singulière d'un artéfact, mais une certaine inflexion cognitive de l'attention. On en conclut paradoxalement que le Louvre, qui conserve *La Joconde* et choisit de ne pas la restaurer, sauvegarde cependant son expérience esthétique malgré les impuretés qui troublent sa beauté.

CONCLUSION

Résumons donc les différentes propositions établies dans cet article à titre heuristique. Premièrement : les expériences que font les experts du patrimoine pour identifier un matériau ou authentifier une œuvre ne sont pas esthétiques, car elles visent à fixer une croyance, non à infléchir puis à prolonger l'attention. Deuxièmement : l'opposition entre deux types d'expérience esthétiques, respectivement pure et impure, est moins pertinente que celle qu'on peut faire entre les différents degrés de complétude des œuvres à identité stratifiée.

35. J. Morizot, *Sur le problème de Borges. Sémiotique, ontologie, signature*, Paris, Kimé, 1999,

36. UNESCO, « Convention pour la sauvegarde du patrimoine culturel immatériel », 32e session de la Conférence générale de l'UNESCO, Paris, 2003.

Troisièmement : l'exemplification peut se concevoir dans cette stratification comme une boucle récursive qui ramène l'attention fixée aux niveaux 3 ou 4 vers les niveaux 1 ou 2 où l'œuvre possède le prédicat auquel elle renvoie. Quatrièmement : *La Joconde* peut exemplifier directement ou métaphoriquement différents prédicats, parfois incompatibles, qui donnent lieu à autant d'expériences esthétiques plus ou moins immersives. Cinquièmement : sauvegarder l'expérience esthétique de *La Joconde* n'implique pas de restaurer l'œuvre elle-même, car les deux impuretés qui troublent actuellement sa beauté peuvent s'intégrer à celle qu'on en fait. Sixièmement : le problème de savoir s'il faut restaurer *La Joconde* ou la conserver en l'état intéresse la philosophie en ce qu'il pose celui de son identité (IJ/J^{er}/JP) et du choix de l'ontologie temporelle qui permet de la définir. On examine dans un autre article la notion goodmanienne d'activation des œuvres, que Pouivet substitue à celle d'expérience esthétique[37]. La question de savoir si le jaunissement et les craquelures du vernis, qui ont des causes naturelles, peuvent être considérés comme des signes attentionnels, mériterait d'être discutée et confrontée à la typologie héritée de Charles Pierce[38]. Remarquons enfin pour conclure que la restauration de *La Joconde* (JR_1) aurait pour effet d'éliminer ces marques que les professionnels de la conservation-restauration considèrent aujourd'hui comme des indices permettant d'évaluer l'efficacité des mesures préventives déjà prises ou de prouver l'authenticité de l'œuvre. La disparition de ces signes attentionnels, ancrés sur des propriétés chosiques par l'intention dérivée des experts, ferait réapparaître ceux que Léonard a intentionnellement peints, comme les monts enneigés de la chaîne des Apennins ou la fraîcheur du teint de Mona Lisa (JRV_1). On a seulement montré que l'expérience esthétique ne permet pas de savoir si une version est meilleure que l'autre (JP/JR_1), car elle ne vise pas à conserver l'œuvre, mais l'attention qu'on lui porte. Parce que les boucles récursives qu'elle installe entre ses propriétés à différents niveaux la prolongent de la même façon, cette question s'avère indécidable. *La Joconde* a déjà toute notre attention et la conservera dans les deux cas.

37. P. Leveau, « L'activation du patrimoine culturel : le cas de La Joconde », dans *Les arts en action*, Rennes, PUR, à paraître.

38. G. Deledalle, *Théorie et pratique du signe*, Paris, Payot, 1979, p. 125-129.

PISTES, REVUE DE PHILOSOPHIE CONTEMPORAINE 5 (2024)
190 p., ISBN : 978-2-7116-8429-8, p. 129-148, VRIN.

À l'épreuve de la mort : de l'imaginaire du kitsch et de la ruine dans l'expérience du cimetière

Fleur THAURY

> « Cimetière, s. m., *terme d'Architecture*; l'on entend sous ce nom une grande place découverte assez généralement entourée de charniers […], où l'on enterre les morts, & où l'on élève quelques sépultures ornées de croix, obélisques, & autres monuments funéraires. »
>
> Jacques François Blondel, *Encyclopédie*, vol. III, 1753, p. 453a.

Les cimetières, lieux de médiation entre les vivants et les morts, engagent une mise en présence de ces deux mondes qui passe par le visible : il y a toujours sous ce que l'on voit et sous le sol que l'on foule, les morts en dessous [1]. Cette dimension esthétique constitutive du lieu est la conséquence de l'*invisibilité inhérente* à l'absence créée par la mort, matérialisée par l'enfouissement des corps dans les sépultures. Pour le dire avec Philippe Ariès, « la mort est iconophile » [2] et n'existe ainsi que par ses représentations. Et, pour le dire avec Jean-Didier Urbain, si la mort est inacceptable, sa visibilisation en des formes acceptables que sont le langage, l'image et le monument permet de l'apprivoiser [3]. Ces formes sont autant de signes qui pallient le silence et l'absence imposés par la mort et qui agissent ainsi « selon une loi de compensation imaginaire » [4].

1. C'est au XVIIIe siècle que coïncident le monument funéraire et la présence du corps.

2. P. Ariès, *Images de l'homme devant la mort*, Paris, Seuil, 1983, p. 7.

3. J.-D. Urbain, *L'archipel des morts. Cimetières et mémoire en Occident* [1998], Paris, Payot & Rivages, 2005, p. 63 (ci-après *AdM*).

4. *Ibid.*, p. 56-63 et p. 59.

Mais cette dimension esthétique est aussi une conséquence de l'*invisibilisation contemporaine* de la mort[5], qui se traduit, non sans paradoxe, dans le phénomène d'esthétisation des cimetières qui semble atténuer leur fonction dialogique entre les vivants et les morts. Les cimetières sont soumis à ce qu'Ariès nomme les logiques de la « mort inversée », c'est-à-dire les procès d'invisibilisation, de négation et de travestissement de la mort[6], qui se concrétisent dans le *devenir-parc* et le *devenir-musée* des cimetières. Les nécropoles seraient ainsi réduites à être des lieux culturels, sortes de *safe places* historico-pittoresques, dissolvant leur spécificité dans un aménagement et dans des activités détournant leur fonction initiale d'espace de gestion des morts et reléguant leur dimension commémorative à un rituel voyeur. Pire encore, les cimetières seraient soumis à un phénomène d'esthétisation, qui tendrait à les réinsérer dans l'espace public par un tour de passe-passe urbanistique et esthétique, où leur normalisation se doublerait d'une perte de leur expressivité symbolique. On s'intéressera dans cet article à deux symptômes ressortant à ce mouvement d'esthétisation : le kitsch et la ruine[7]. Les cimetières offrent en effet un catalogue d'images d'Épinal rebattues : croix de fer rouillées, pierres fendues, noircies ou rongées par la mousse, ombres des cyprès qui découpent les tombes, fleurs en plastique aux couleurs vives, daguerréotypes usés, écriture d'or gravée, etc. Il s'agit donc, par l'esthétisation des cimetières, de marginaliser la mort en la travestissant.

On soutiendra que le phénomène d'esthétisation des cimetières, dans sa version contemporaine, n'est pas antinomique avec une mise en présence de la mort. Et plus, c'est au sein même de l'expérience

5. Voir : P. Ariès, *Essais sur l'histoire de la mort en Occident : du Moyen Âge à nos jours* [1975], Paris, Seuil, 1977 (ci-après *EhmO*), et *L'Homme devant la mort* [1977], 2 vol., Paris, Seuil, 1985 ; J.-D. Urbain, *La société de conservation. Étude sémiologique des cimetières d'Occident*, Paris, Payot, 1978 et *L'archipel des morts*, *op. cit.* Les études sur la mort des années 1960-1970 en France ont formulé cette thèse du *tabou ou déni de la mort* dans la société contemporaine (G. Clavandier, *Sociologie de la mort. Vivre et mourir dans la société contemporaine*, Paris, Armand Colin, 2009, p. 95-112).

6. P. Ariès, « La mort inversée. Le changement des attitudes devant la mort dans les sociétés occidentales » [1967], dans *EhmO*, p. 164-197 ; « La mort inversée », dans *L'Homme devant la mort*, *op. cit.*, vol. II, p. 267-311.

7. Ce choix méthodologique ne doit pas oblitérer les tendances récentes d'esthétisation des cimetières qui ne se substituent pas, cependant, au kitsch et à la ruine : la tendance à la minéralisation, sur le plan architectural, s'exprime par le retour d'un néo-classicisme froid et rigide, lié à l'érection de nouveaux bâtiments qui suit l'évolution des pratiques funéraires (par exemple la crémation) ; et la tendance à la végétalisation où, dans sa version la plus radicale, les corps sont enterrés à même le sol, effaçant les identités.

esthétique qu'advient la possibilité d'une thématisation de l'expérience de la mort comme résultat d'un processus de destruction ou déchet. D'une part, l'esthétisation n'est-elle pas la condition de possibilité de l'épreuve de la mort, comprise, à la lumière des écrits de Georges Bataille, comme expérience de l'impur ? Si la mort est marquée par la trivialité (cela nous arrive à tous), le choc (le scandale de la mort), la crudité et l'absence de pudeur (l'amas de chairs inertes constituant le cadavre), on thématisera une impureté spécifique, celle de la mort comprise comme déchet, dans sa dimension de reste et de résistance, engendrant une expérience de l'altérité radicale. D'autre part, n'est-ce pas au sein d'une expérience esthétique dévaluée – l'esthétisation est un terme péjoratif – fonctionnant par l'activation d'imaginaires stéréotypés et ambivalents qu'advient la possibilité de subvertir cette esthétisation travestissante ?

Deux remarques méthodologiques s'imposent.

1. Notre étude se concentre sur ce qu'on appelle les *cimetières contemporains* français dont l'émergence et la structuration s'articulent autour de trois moments : la déclaration royale de Louis XVI en 1776 relègue les cimetières à la sortie des villes (auparavant, l'inhumation se faisait dans l'espace urbain, souvent dans le périmètre d'une église) ; le décret napoléonien de 1804 systématise les logiques urbanistiques précédentes et fonde la législation funéraire française ; enfin, la loi de 1881, sous la Troisième République, affirme le principe de neutralité religieuse dans les cimetières. Notre modèle de cimetière est donc urbain, dans la tradition des cimetières qui émergent au début du XIXe siècle, comme le paradigmatique Père Lachaise à Paris (1804), et qui déploient un modèle fonctionnel gommant la particularité des espaces sur lesquels ils sont construits[8].

8. L'expression « cimetière contemporain », à la délimitation temporelle lâche, vient de R. Bertrand et A. Carol, *Aux origines des cimetières contemporains. Les réformes funéraires de l'Europe occidentale, XVIIIe-XIXe siècle*, Aix-en-Provence, Presses Universitaires de Provence, 2016. Sur leur histoire, voir aussi : Régis Bertrand et Guénola Groud (dir.), *Cimetières et tombeaux. Patrimoine funéraire français*, Paris, Éditions du patrimoine, 2016, p. 23-129 (ci-après *CT*) ; R. Bertrand, « Le cimetière du XIXe siècle » et Benoît Gallot, « Le cimetière aujourd'hui », dans I. Duhau et G. Groud (dir.), *Cimetières et patrimoine funéraire. Étude, protection, valorisation*, Paris, Ministère de la Culture, Direction générale des Patrimoines, 2020, p. 26-31 et p. 32-39 ; M. Ragon, *L'Espace de la mort. Essai sur l'architecture, la décoration et l'urbanisme funéraires*, Paris, Albin Michel, 1981 ; T. W. Laqueur, *Le travail des morts. Une histoire culturelle des dépouilles mortelles* [2015], Paris, Gallimard, 2018, p. 155-484. Sont donc écartés : les cimetières consistoriaux, propriétés des associations cultuelles juives et protestantes, les cimetières musulmans de la France métropolitaine, et les cimetières militaires, qui obéissent à des logiques historiques et symboliques propres.

2. Notre étude s'inscrit dans le domaine des études sur les lieux de la mort, à partir d'une approche de philosophie de l'art et d'esthétique. Du point de vue des études sur la mort et sur la question des cimetières, il s'agit de donner droit à l'expérience, *via* la notion d'« imaginaire », plus qu'à des considérations sur les styles, les rites et les pratiques[9]. Cela permet le renversement d'une attitude souvent déploratrice envers la gestion contemporaine de la mort et le phénomène d'esthétisation des cimetières. Du point de vue de la philosophie, si la mort est l'objet de réflexions métaphysiques et éthiques, on trouve peu de propos concernant les rituels, pratiques et lieux qui lui sont attachés, comme si ceux-ci étaient trop contextuels et arbitraires pour être dignes de l'interrogation philosophique. Or, ce n'est qu'à travers eux que la mort se donne à voir et à comprendre. On propose donc une tentative de réfléchir sur la mort par la spécificité de l'expérience du cimetière[10].

NE RESTE QUE LE BEAU CIMETIÈRE ? DE L'ESTHÉTISATION DU CIMETIÈRE CONTEMPORAIN

Le cimetière contemporain est autant un lieu utilitaire destiné à la gestion de la mort et à la conservation des morts qu'un endroit de mémoire où monuments et symboles marquent l'hommage des vivants aux morts. Il a donc une triple dimension constitutive – *pratique*, *éthico-politique* et *artistique* – à laquelle répondent le plan d'urbanisme, l'architecture, le paysage, le mobilier et l'ornement qui composent ce lieu si singulier. Il s'agit d'analyser les logiques d'esthétisation à l'œuvre dans les cimetières contemporains, en montrant qu'elles appartiennent à un ensemble de procédures d'invisibilisation de la mort qui président à leur naissance à la fin du XVIIIe siècle et qui sont à l'œuvre dans chacune des dimensions mentionnées. Ces procédures tendent à cacher la mort en redoublant le tabou constitutif du rapport à la mort de toutes les sociétés, par sa marginalisation en tant que fait impur à évacuer. Parmi ces procédures, le phénomène d'esthétisation

9. Concernant les axes de recherche actuels sur la mort, voir l'« Argumentaire 2023 », *Réseau « Les Morts ». Regards, récits, réflexion*, carnet Hypothèses, B. Tarka, C. Moréal De Brevans, *et al.* (*dir.*), 7 mars 2023, URL : https://lesmorts.hypotheses.org/56 (consulté le 10/12/2023).

10. Je remercie Hélène Boons, Sean McStravick, Thomas Mercier-Bellevue et Wendy Prin-Conti pour leurs relectures qui ont permis de préciser ces hypothèses.

est paradoxal puisqu'il est fondé sur une hypervisibilité, mais qui fonctionne comme un écran masquant l'obscénité de la mort. La logique d'esthétisation du cimetière contemporain *via* l'importance grandissante donnée à sa dimension artistique au détriment des autres fonctions, fait perdre au cimetière sa spécificité. La marginalisation de la mort est alors l'effet d'un travestissement.

La gestion des morts – marginalisation et homogénéisation

Les cimetières sont caractérisés par leur dimension *pratique* qui est celle de la gestion matérielle des cadavres et qui se caractérise par un ensemble de procédés de destruction, dissimulation et/ou conservation de ces corps morts[11]. Cette dimension pratique est une conséquence de notre usure biologique. Deux grandes logiques sont à l'œuvre concernant cette dimension : la *marginalisation* et l'*homogénéisation.* Marginalisé, le cimetière contemporain inaugure « l'ère du grand renfermement des morts [...] assurée et caractérisée par la triple fermeture du cercueil, du tombeau et du cimetière »[12]. En outre, les cimetières contemporains sont érigés en fonction d'une rationalisation architecturale et paysagère qui répond à des enjeux explicites hygiénistes et économiques, ainsi qu'à des enjeux implicites de dissimulation collective de la mort et de hiérarchisation sociale des morts. Situés souvent hors des villes, ils sont encerclés d'un mur, ordonnés autour d'allées, organisés strictement entre « espaces de circulation et d'inhumation »[13], et articulés autour de lieux communs (monuments aux morts, terrains communs, fosses communes et charniers, jardins du souvenir, ossuaires, dépositoires ou morgues, etc.) et de lieux privés (concessions funéraires, tombes individuelles, carrés musulmans, etc.). Ces lieux désormais clos, abrités, inaccessibles, isolés, constituent des « archipels », selon Urbain, des espaces « *caché*[*s*], hors de la vie sociale, hors de la *scène* publique »[14].

11. *AdM*, p. 52-56 ; A. Esquerre, *Les os, les cendres et l'État*, Paris, Fayard, 2011.

12. *AdM*, p. 129. À la dissimulation de la mort dont témoigne la marginalisation des cimetières font écho la silenciation et la pathologisation du deuil, la médicalisation de la fin de vie et l'enfermement des vieillards (p. 65-113).

13. R. Bertrand, « Introduction », dans *CT*, p. 19.

14. *AdM*, p. 57.

La prise en charge de la mémoire – rupture et effacement

Les cimetières ont également une dimension *éthico-politique* qui concerne la gestion spirituelle laïque de la mort dans notre société. D'une part, cette dimension engage le rapport à la mémoire, qu'elle soit individuelle ou collective[15]. D'autre part, elle implique la définition de la distinction entre les morts et les vivants et de leur dialogue. Cette dimension est une conséquence de l'oubli qu'implique la mort. Alors que, selon une conception chrétienne, la mort était vécue comme un prolongement de la vie, le cimetière clos et laïque matérialise la conception contemporaine de la mort comprise comme sa négation. Un double mécanisme contradictoire opère concernant la dimension éthico-politique du cimetière : la *rupture* et l'*effacement*. D'une part, alors qu'au Moyen-Âge, les cimetières étaient des « espaces libres et protégés au cœur du bâti », qui jouaient un rôle central dans la vie sociale, instaurant un dialogue entre les morts et les vivants[16], aujourd'hui « se noue le *meurtre de la communication* » entre ces deux mondes[17]. Concrètement ce mécanisme d'étrangéisation de la mort en rupture avec le quotidien s'incarne dans deux attitudes antinomiques, qui toutes deux nient sa réalité temporelle : le culte exalté des tombeaux matérialisé par la visite au cimetière à partir du XIXe siècle et, plus récemment, l'évacuation totale de la mort et de ses avatars[18]. D'autre part, lorsque le « champ funéraire [était] un lieu de sociabilité et de rencontres pour les vivants »[19], la frontière entre les morts et les vivants restait claire. C'est, paradoxalement, la rupture impliquée par le cimetière contemporain qui a engagé un effacement de cette frontière devenue bien plus poreuse, au profit des vivants qui occultent et nient les morts.

15. Les cimetières comme les bibliothèques sont des espaces d'archives témoignant de notre rapport au temps et à l'histoire (*ibid.*, p. 11-32 et p. 33-56).

16. M. Lauwers, *Naissance du cimetière. Lieux sacrés et terre des morts dans l'Occident*, Paris, Aubier, 2005, p. 10 ; P. Ariès, « Contribution à l'étude du culte des morts à l'époque contemporaine » [1966], dans *EhmO*, p. 143-156. Les cimetières étaient investis par des habitations et des activités diverses (foire, assemblée de justice, etc.).

17. *AdM*, p. 74.

18. *Ibid.*, p. 269-275 ; P. Ariès, « Contribution à l'étude du culte des morts à l'époque contemporaine » [1966] et « La vie et la mort chez les Français d'aujourd'hui » [1972], dans *EhmO*, p. 143-156 et p. 157-163 ; *CT*, p. 106-107 et p. 109-111.

19. M. Lauwers, *Naissance du cimetière*, *op. cit.*, p. 10.

Le beau cimetière – dissolution et codification

Les cimetières ont, enfin, une dimension *artistique* qui s'incarne dans les réalisations architecturales et ornementales qui les composent. Ils mêlent une variété d'arts – architecture, sculpture, paysage, ferronnerie, vitrail, etc. – et une variété de styles qui représentent le traitement de la mort à une époque, ou témoignent d'un goût individuel. Cette dimension artistique est la conséquence de l'invisibilisation impliquée par la mort. Deux logiques caractérisent la dimension artistique des cimetières contemporains : *dissolution* et *codification*. Premièrement, les cimetières contemporains dissolvent leur spécificité dans un *devenir-musée* ou *devenir-parc*[20]. Si cette dimension artistique est présente dès les origines du cimetière, elle prend une place grandissante, depuis la fin du XIXe siècle, dans les cimetières contemporains qui ont été explicitement conçus et investis comme des lieux d'art[21] ; ce dont témoigne également leur compréhension comme « patrimoine funéraire »[22], qui marque le tournant législatif interventionniste des pouvoirs d'État pour les conserver et les embellir[23]. Cette valorisation de la dimension artistique des cimetières, loin de réinsérer le cimetière dans le tissu de l'espace urbain et des relations sociales, participe des logiques modernes d'invisibilisation de la mort par son travestissement, c'est-à-dire par l'effacement de la différence spécifique du cimetière[24]. Deuxièmement, les cimetières contemporains sont fondés sur une *codification ornementale et symbolique* qui, depuis la fin du XIXe siècle, tend à s'uniformiser de plus en plus et que l'on décrira ci-après à partir du kitsch et de la ruine. On le voit dans la standardisation des tombes

20. On met de côté le phénomène des cimetière-villes, des cimetières-tours et des cimetières-immeubles qui, s'ils ne sont pas spécifiquement dédiés à la promenade, déclinent néanmoins l'univers kitsch d'aménagement pavillonnaire et participent des logiques de travestissement en faisant du cimetière un simple quartier (*AdM*, p. 153-182).

21. R. Bertrand note qu'« un journaliste propose en 1849 de faire du Père-Lachaise "le plus beau cimetière du monde", ce qui, selon lui, "aurait donné l'essor à un mouvement artistique sans précédent" » (*CT*, p. 66).

22. Voir : R. Bertrand et G. Groud (dir.), *Cimetières et tombeaux*, *op. cit.* ; I. Duhau et G. Groud (dir.), *Cimetières et patrimoine funéraire*, *op. cit.* et M. Ragon, *L'espace de la mort*, *op. cit.*

23. Voir : B. Gallot, « Le cimetière aujourd'hui », art. cit., p. 32-39 ; A. Espinasse, « Législation funéraire et protection du patrimoine : la difficile cohabitation », *La Gazette du patrimoine*, 1er mai 2021, URL : http://www.lagazettedupatrimoine.fr/files/6c55b315da95f3c8946ac57f759fc98a-262.php (consulté le 09/02/2023).

24. *AdM*, p. 132-133.

qui, désormais, sont issues de modèles « prêts à poser » conçus majoritairement en granit; dans l'homogénéisation et la sérialité ornementale – plaques funéraires en zinc ou en porcelaine à même le cercueil, plaques souvenirs en granit posées sur un lutrin, couronnes de fleurs en céramique, en porcelaine ou en plastique, fleurs séchées ou artificielles, daguerréotypes ou photographies –; ainsi que dans la simplification des épitaphes [25]. Les photographies kitsch des cimetières contemporains seraient l'exemple paradigmatique de ce travestissement : en rendant hypervisible le défunt figé dans une image idyllique et réconfortante, elles masqueraient la réalité du corps mort.

Si le cimetière a donc toujours engagé le *tabou* de la mort, il ne semble plus être, sur le plan de l'expérience, le lieu qui lui est dédié, mais un ersatz d'espace privilégié pour une expérience esthétique centrée sur la promenade pittoresque ou sur la contemplation de chefs-d'œuvre qui déréalisent et camouflent. En cela, la logique d'esthétisation à l'œuvre dans les cimetières contemporains participe des procès d'invisibilisation de la mort qui président à sa naissance et qui redoublent le *tabou* de la mort, de sa relégation de la vie, en tant que phénomène impur et obscène. Ainsi, non seulement le beau cimetière dissimule la mort, en la masquant au regard, puisqu'il isole des dimensions pratiques et éthico-politiques une expérience esthétique seule, mais il fait diversion, en détournant l'attention, non sans un certain cynisme, puisqu'aller dans le lieu des morts nous donnerait désormais l'occasion de ne plus y penser, et semble engager une expérience lisse, atténuée ou idéalisée qui n'est à la hauteur ni du scandale métaphysique que la mort constitue, ni en cohérence avec la rupture qu'elle implique.

25. Sur la standardisation des tombes et des ornements, voir G. Groud, V. Belle et L. de Finance, « La fabrique du tombeau » et « Production de série, formes d'exception », dans *CT*, p. 180-193 et p. 210-211. Sur la l'uniformisation des épitaphes, voir *AdM*, p. 222-229 et p. 337-343 et T. Laqueur, *Le travail des morts*, *op. cit.*, p. 485-645.

DES IMAGINAIRES STÉRÉOTYPÉS AU CIMETIÈRE : LA RUINE ET LE KITSCH, ARTIFICES D'UNE MISE À DISTANCE?

L'esthétisation des cimetières contemporains réside donc dans le privilège donné à leur dimension artistique, mais ressort également à une codification ornementale qui se constitue autour des imaginaires du kitsch et de la ruine, que l'on qualifiera de *stéréotypés* et d'*ambivalents*. Par-delà la diversité des styles, ces deux imaginaires façonnés par l'histoire de la pensée et par les images – la ruine principalement par les théoriciens de l'esthétique romantique du XIXe siècle et le kitsch par les critiques d'art contempteurs de l'art de masse au XXe siècle – ont informé la conception du cimetière contemporain tout comme ils régissent l'expérience que l'on en fait. Ne sont-ils pas l'occasion d'une double mise à distance de la mort : par leur puissance projective et par leur stéréotypie ambivalente ? En voilant et en orchestrant notre expérience du cimetière, ces imaginaires idylliques ne trahissent-ils pas la fonction dialogique du cimetière et n'opèrent-ils pas cette rupture du lien entre les morts et les vivants constatée par Ariès ou Urbain ?

Penser des imaginaires

Le kitsch comme la ruine sont des notions qui ne se restreignent pas aux types d'objets qu'elles désignent, mais caractérisent deux ensembles expressifs, constitués d'images, de discours, de valeurs et d'expériences, à la frontière entre l'objet réel et la catégorie théorique abstraite, d'où leur qualification d'*imaginaires*[26].

La ruine, qu'elle soit « réelle, figurée ou factice »[27], est d'abord un objet composé des reliquats d'un effondrement ou d'une destruction, qu'elle soit naturelle, volontaire ou accidentelle. Par extension, la ruine réside aussi dans l'usure. Pourquoi donc parler d'imaginaire ?

26. Cette proposition de penser des imaginaires, à partir de l'expérience plus que selon des cadres d'interprétations symboliques et sémiotiques, doit beaucoup aux réflexions de M. Schiele, *Le drapé ou le vêtement infini. Enquête philosophique sur l'imaginaire du drapé dans les images, les textes et les objets de l'âge classique à l'époque contemporaine*, Thèse de doctorat sous la direction de Marianne Massin, Sorbonne Université, Paris, 2021.

27. S. Forero-Mendoza, *Le temps des ruines. L'éveil de la conscience historique à la Renaissance*, Seyssel, Champ Vallon, 2002, p. 13. La citation originale est au pluriel.

D'une part, la ruine, comme forme incomplète, est intrinsèquement un objet à recomposer. Pointant vers l'absence, elle a une portée symbolique et active notre capacité imaginative. Dans le *Salon de 1767*, Diderot expose cette fonction motrice des ruines pour la pensée : « Les idées que les ruines réveillent en moi sont grandes. Tout s'anéantit, tout périt, tout passe. Il n'y a que le monde qui reste ; il n'y a que le temps qui dure »[28]. La ruine engage donc une perspective figurative qui, selon Richard Bégin, tient à son double « pouvoir d'évocation » qui hérite de « l'inconsistance du signifiant » et d'un référent « condamné à demeurer imaginaire »[29]. D'autre part, historiquement et culturellement, dès l'Antiquité, la ruine devient une composante de la représentation tout comme de la pensée : dans le champ de la représentation se pose la question des belles ruines et, progressivement, se développe un arsenal figuratif constituant l'esthétique des cimetières (jeu avec la nature, herbes folles, ronces invasives, etc., spécificité lithologique et architecturale avec dégradation des matières, mise en scène de l'« édifice troué »[30], focalisation sur des styles allant du monument gréco-latin au bâtiment gothique, etc.) liée à des considérations poétiques, esthétiques et à la promotion de valeurs. Du simple objet, la ruine, informant un discours perceptif et normatif qui la dépasse, devient donc une forme, une figure, un goût, une méditation voire un paradigme[31]. Certes la ruine n'a pas la capacité d'abstraction d'une catégorie esthétique comme le kitsch, quoique difficilement définissable. Néanmoins, elle peut être le motif qui incarne l'esthétique et les normes de cette catégorie – c'est le cas pour le pittoresque[32] – et elle reste un support assez général

28. D. Diderot, *Salon de 1767*, dans *Œuvres esthétiques*, P. Vernière (éd.), Paris, Garnier, 1959, p. 643, cité par R. Bégin, « "[…] d'un temps qui a déjà servi". L'imaginaire des ruines de Bruno Schulz à Wojciech Has », *Protée* 35/2, 2007, p. 27.

29. *Ibid.*

30. C. Saminadayar-Perrin, « Paysage avec ruines : le kitsch et le miroir », dans V.-A. Deshoulières et P. Vacher (dir.), *La mémoire en ruines*, Clermont-Ferrand, Presses universitaires Blaise Pascal, 2000, p. 61.

31. Sur l'histoire de la ruine dans l'art et la pensée, voir : pour la Renaissance, S. Forero-Mendoza, *Le temps des ruines*, *op. cit.* ; pour les Lumières et le Romantisme, S. Lacroix, *Ce que nous disent les ruines. La fonction critique des ruines*, Paris, L'Harmattan, 2007 ; pour l'époque contemporaine M. Egaña et O Schefer (dir.), *Esthétique des ruines : poïétique de la destruction*, Rennes, Presses Universitaires de Rennes, 2015 ; C. Saminadayar-Perrin, « Paysage avec ruines : le kitsch et le miroir », art. cit., p. 59-80.

32. R. Milani, « Le paysage dans les catégories esthétiques », *Horizons philosophiques* 11/1, 2000, p. 99-123.

pour engager un mouvement de pensée non réductible à sa seule représentation.

En ce qui concerne le kitsch, dont l'origine étymologique floue en fait « une braderie de vieilleries à peine rafraîchies, d'objets recyclés, de mauvais goût, de mauvais genre »[33], c'est d'abord un objet qualifié du point de vue de sa situation historique, caractérisée par l'industrialisation et l'émergence de la bourgeoise, du point de vue de la production comme un objet sériel imitant le grand art et du point de vue de la réception comme un objet de mauvais goût, avant d'être un objet défini à partir de ses caractéristiques propres – miniaturisation, composite et hétéroclite, matière bon marché, couleurs survitaminées, etc.[34]. Si la ruine s'est constituée progressivement comme une représentation et comme un outil de pensée, le kitsch est, dès son origine, à la fois un ensemble d'objets, intentionnellement ou non kitsch, et une catégorie esthétique[35], qui s'est forgée dans une série d'oppositions marquées par des enjeux de distinctions sociales, à commencer par celle de l'avant-garde[36]. On retrouve cette ambiguïté fondamentale chez Greenberg qui oscille entre une définition en extension du kitsch désignant un

> art et [une] littérature populaires et commerciaux faits de chromos, de couvertures de magazines, d'illustrations, d'images publicitaires, de littérature à bon marché, de bandes dessinées, de musique de bastringue, de danse à claquettes, de films hollywoodiens, etc.

et une définition en intension *via* l'établissement de critères déterminant une catégorie caractérisée par sa production sérielle et par sa réception paresseuse et de mauvais goût[37]. Le pouvoir expressif du kitsch réside dans sa dimension d'image, ostentatoire de

33. C. Genin, *Kitsch dans l'âme*, Paris, Vrin, 2010, p. 9-12 et p. 21-28. L'hypothèse prédominante fait du mot *kitsch* un dérivé de l'allemand *verkitschen* signifiant « rendre bon marché », avant de désigner les objets eux-mêmes.

34. *Ibid.*, p. 75-79.

35. Sur la constitution de cette catégorie, voir : A. Beyaert-Geslin, « Introduction. Kitsch et avant-garde : de l'objet à la stratégie culturelle », dans *Kitsch et avant-garde* [2006], *Actes Sémiotiques*, 2007 : https://www.unilim.fr/actes-semiotiques/3239 (consulté le 16/02/2023) ; F. Bancaud, « Entre diabolisation, séduction et légitimation. Le kitsch ou l'imitation comme "mal esthétique" ? », *Cahiers d'Études Germaniques* 72, 2017, p. 73-88, p. 73.

36. C. Greenberg, « Avant-garde et kitsch » [1939 ; 1972], dans *Art et culture. Essais critiques*, Paris, Macula, 1988, p. 9-20.

37. *Ibid.*, p. 15-16.

surcroît, puisqu'il désigne l'apparition de représentations bon marché et leur mise à disposition massive d'un public qui se constitue par l'occasion[38]. Le kitsch permet l'extension de la vie des images à tous et modifie, selon Florence Bancaud, « l'inconscient visuel [...] cré[ant] une nouvelle forme de sensibilité moderne fondée sur la répétition en série et sur la collection »[39].

Le cimetière envahi par le kitsch et la ruine

Si ces deux imaginaires informent notre expérience du cimetière, c'est parce qu'ils ont structuré, d'un point de vue poétique, la construction ou l'évolution des cimetières. D'abord, comme partie prenante du paysage ou de l'architecture, la ruine a guidé l'élaboration de la « vue » du cimetière et de ses objets ; on peut penser aux ruines factices de la fin du XIXe siècle modelées à partir du rocaillage et du rusticage, aux tombeaux « virgiliens » et à toutes les figures d'ensommeillés. Puis le kitsch a infiltré les cimetières en multipliant notamment les bibelots à poser sur les tombes, comme on l'a vu en décrivant la codification ornementale des cimetières au XIXe siècle. Si l'esthétique de la ruine a présidé à l'édification et à l'organisation des cimetières contemporains, par l'ajout d'ornements mélancoliques au simple usage fonctionnel du lieu, l'esthétique du kitsch en serait le dévoiement, par la standardisation des modélisations des figurations de la mort ou du souvenir. Ensuite, on trouve des objets ou des styles présents dans les cimetières, ressortant à la ruine ou au kitsch qui offrent un support visuel à l'expérience de projection. Peu d'éléments du cimetière échappent d'ailleurs à ces imaginaires dont la force est telle qu'ils envahissent ce qui, dans la perception réelle, n'est ni exclusivement du kitsch, ni encore de la ruine : la tombe simple, sobre et entretenue, dépouillée de tout ornement, est une page blanche que l'on habille de miniatures et de breloques et que l'on colore des traces prochaines du temps. En outre, ces tombes-là sont rares et souvent noyées dans la collectivité des autres sépultures qui, elles, ressortissent explicitement à une esthétique du kitsch ou de la ruine. Cet argument permet de préciser ce qu'on entend par imaginaire : à l'inverse d'une

38. C. Greenberg, « Avant-garde et kitsch » art. cit., p. 15-16.

39. F. Bancaud, « Entre diabolisation, séduction et légitimation », art. cit., p. 73.

esthétique qui impliquerait aussi un système corrélant représentations, discours et normes, les *imaginaires* ont une puissance projective qui, si elle se nourrit de la réalité des styles, ne s'y résout pas. Enfin, ce sont des imaginaires qui s'entrecroisent, puisque la ruine dans son jeu de pétrification de la nature devient aussi du kitsch et que le kitsch devient de la ruine, puisqu'exposé en extérieur, il subit la dégradation naturelle des matières[40].

Des imaginaires stéréotypés et ambivalents

Ces deux imaginaires, qui engagent une puissance de projection, sont stéréotypés et ambivalents du point de vue de leur forme comme de leur contenu. Si, en un sens, tous les imaginaires sont stéréotypés puisqu'ils fonctionnent par associations automatiques d'images, d'idées et de discours, on propose de penser une stéréotypie spécifique des imaginaires du kitsch et de la ruine, dépassant cette simple habitude associative, et fonctionnant sur un ensemble de mises en tension irrésolues.

D'abord, ce sont des imaginaires qui fonctionnent, du point de vue de la forme, par le cliché : expressif et intuitivement saisissable, mais difficilement définissable. Si pour le kitsch la dimension stéréotypique est constitutive de son mode d'être, c'est différent en ce qui concerne la ruine. Le kitsch implique, par essence, un imaginaire stéréotypé puisque c'est le royaume de l'uniformisation, de la « synthèse », selon le mot de Greenberg[41]. En effet, la production sérielle et reproductible du kitsch engage monotonie et absence de variété – « le kitsch est mécanique et fonctionne par formules » et s'« il change selon les exigences des styles [il] reste toujours le même »[42], et sa réception fonctionne par mimétisme. Selon lui, l'imaginaire du kitsch fonctionne sur l'identité ; c'est le « miracle de l'image vivace, reconnaissable » qui instruit une continuité entre l'art et la vie[43]. L'imaginaire de la ruine implique une stéréotypie de second rang en raison d'un processus

40. C. Olalquiaga, « La nature pétrifiée » et « Mémoire mythique », dans *Royaume de l'artifice. L'émergence du kitsch au XIXe siècle* [1998], Lyon, Fage, 2008, p. 191-198 et p. 241-245.

41. C. Greenberg, « Avant-garde et kitsch », art. cit., p. 22.

42. *Ibid.*, p. 16 et p. 17.

43. *Ibid.*, p. 21.

de *kitschisation* qui hérite historiquement du développement du tourisme au début du XIXe siècle, époque des « triomphe[s] du “kitsch archéomane” » et « de la “parole bourgeoise” »[44], tout comme de la critique émise par les avant-gardes, qui voient dans les défenseurs d'une esthétique contemplative et mélancolique la construction d'une topique mentale et perceptive, d'une illusion constitutive du mode d'être au monde à dépasser[45]. La stéréotypie de l'imaginaire des ruines s'appuie également sur l'objet même de la ruine qui fournit un catalogue d'images stylisées substituant à la narrativité pesante de l'histoire un imaginaire divertissant[46]. Au cimetière, ruine et kitsch se fonde en un univers commun, qui renverse en partie la différenciation sociale par le « mauvais goût » orchestrée par le kitsch pour conserver néanmoins sa dimension de goût « sous contrôle »[47].

Ensuite, l'imaginaire de la ruine et l'imaginaire du kitsch impliquent des méditations ambivalentes sur le temps et la mémoire, la mort et le corps, qui, dans une perspective thématique, font écho à la spécificité du cimetière. Ce ne sont pas des imaginaires constants mais ils sont contraignants ; par exemple si la ruine a pour « thématique de prédilection » les « réflexions historiques ou philosophiques sur le *tempus edax* », ses modalités demeurent variées selon Corinne Saminadayar-Perrin : « lyrisme du vide et de la désolation, méditation sur la fuite du temps, l'engloutissement des empires, la brièveté de la vie humaine »[48]. La ruine engage la vision du passage du temps traçant la frontière entre l'éternité de ce qui dure et la fugacité de ce qui disparaît. Le kitsch renverrait plutôt à une « mémoire suspendue » enserrée dans les mailles d'un présent perpétué et soumise à l'impératif de la jouissance des sens et du bonheur insouciant, bulle lisse, enchantée et rassurante, qui ne laisse aucune prise aux aspérités

44. C. Saminadayar-Perrin, « Paysage avec ruines », art. cit., p. 59-80 ; p. 67 et p. 60.

45. Par exemple la critique de John Ruskin par le futuriste italien Filippo Tommaso Marinetti ; voir F. Thaury, *De la discordance temporelle à l'irrésolution : le temps en crise dans les manifestes du Futurisme italien* (*1909-1944*), 2 vol., thèse de doctorat sous la direction de Jean-Philippe Bareil et de Marianne Massin, Université de Lille, 2022, vol. I, p. 206-211.

46. C. Saminadayar-Perrin, « Paysage avec ruines », art. cit., p. 67-73.

47. C. Genin, « Le kitsch : une histoire de parvenus », dans A. Beyaert-Geslin (dir.), *Kitsch et avant-garde*, *op. cit.*, URL : https://www.unilim.fr/actes-semiotiques/3268 (consulté le 03/11/2022). Un travail reste à faire sur les modalités récentes de la visibilité des hiérarchisations sociales au cimetière, qui s'offrent moins immédiatement au regard, puisque le kitsch semble les gommer.

48. *Ibid.*, p. 60.

et aux souffrances[49]. Si l'imaginaire de la ruine implique la conception d'une linéarité temporelle du « continuum du temps », l'imaginaire du kitsch suppose son absence au profit de l'intensité de l'instant sur le mode de la cristallisation ou au profit du souvenir sur le mode de la réminiscence cyclique[50]. Au « temps à l'œuvre »[51] de l'imaginaire de la ruine qui porte l'attention sur son mouvement (horizontalité), s'oppose le temps plein du kitsch qui focalise le regard sur son épaisseur (verticalité). En outre, ce sont deux imaginaires de l'idéalisation : par la figuration de l'absolu dans la ruine, par l'aplanissement du kitsch[52]. Les stratégies de transfiguration du réel (par la patine ou par le satiné) se distinguent donc : alors que la ruine retranscrit la complexité du réel en figurant des ordres de grandeur incommensurables (la grandeur et l'infiniment petit), le kitsch lisse sa perception pour en atténuer la complexité. Si la ruine oblige la pensée à jouer le jeu du visible et de l'invisible, le réel est réduit, dans le kitsch, à une apparence polie et manichéenne. Ces jeux d'opposition seraient à préciser mais l'intérêt pour notre propos est de pointer l'ambivalence irréductible de ces imaginaires stéréotypés au sein des cimetières, dont l'expérience projective est doublée d'une mise en tension.

Ainsi l'esthétisation des cimetières, par le privilège donné à la dimension artistique du lieu et par l'activation d'imaginaires stéréotypés et ambivalents, semble-t-elle participer de la logique d'invisibilisation de la mort. En ajoutant au travestissement des lieux une mise à distance stéréotypée, ces imaginaires ne lissent-il pas l'expérience du cimetière en contenant les affects, en masquant la pourriture et en réifiant le corps, pourtant en mouvement, du cadavre-charogne[53] ? Quels sens donner au jeu de tensions qui les animent? Si ces imaginaires, comme toute entreprise figurative, mettent à distance, on soutiendra qu'ils permettent plutôt, au sein de ces lieux soumis aux logiques d'invisibilisation de la mort, d'en faire l'expérience.

49. C. Olalquiaga, *Royaume de l'artifice*, *op. cit.*, p. XXX.

50. Voir la distinction entre « kitsch nostalgique » et « kitsch mélancolique » dans *ibid.*, p. 241-245; p. 241.

51. M. Egaña et O. Schefer, « Introduction », dans *Esthétique des ruines*, *op. cit.*, p. 9-11.

52. Voir les remarques de C. Genin sur le kitsch comme lissage du *trash* dans la pornographie (« Le kitsch : une histoire de parvenus », art. cit.).

53. A. Hicham-Stéphane, « Pour une esthétique de la charogne », *La Pensée écologique* 1/2, 2018.

ÉPROUVER LE RESTE : RÉSISTANCE DES IMAGINAIRES IMPURS DU KITSCH ET DE LA RUINE

Le kitsch et la ruine engagent, au cimetière, des imaginaires stéréotypés et ambivalents, desquels naît précisément l'expérience de la mort : ce sont en vertu de leur médiation que l'on accède au trouble résiduel de l'épreuve de la mort. Contre l'idée que l'esthétisation des cimetières détournerait ces lieux de leur fonction, on montrera, à la lumière des écrits de Bataille, que les imaginaires en tension de la ruine et du kitsch relèvent de l'impur. L'association du kitsch et de la ruine fonde un imaginaire hétérologique ambivalent qui figure le *tabou* de la mort. Ils prennent en charge l'altérité radicale qu'impose la mort comme reste, comme *part maudite*; ce *quelque chose* qui déborde toute expérience du cimetière. Ce n'est pas la simple occupation des lieux par les morts qui, sortant de leur sommeil, reviendraient rappeler leur présence, mais c'est de l'intérieur même de ces imaginaires du reste que s'expérimente l'excès imposé par la mort. Ce sera l'occasion de pointer un paradoxe : le stéréotype est le support de l'expérience de la rupture, de l'altérité radicale. En ce sens, on fait un pas de côté à l'encontre des critiques de la gestion de la mort contemporaine qui voient dans l'homogénéisation massive des objets, processus et signes du deuil, la tentative d'une invisibilisation de la mort et d'un effacement néfaste de la frontière entre les morts et les vivants. En revanche, l'esthétisation des cimetières marque bien une nouvelle modalité de compréhension de la mort dans sa dimension matérielle la plus triviale.

L'hypothèse bataillienne : la mort ou la « part maudite »

Cette étude s'appuie sur un présupposé qui interprète l'étrangeté résiduelle de l'expérience du cimetière selon une lecture bataillienne et cela pour deux raisons. D'abord, les logiques à l'œuvre dans le cimetière contemporain que l'on a explicitées au début – invisibilisation de la mort (par travestissement notamment) et résistance de sa figuration – ressortissent aux logiques à l'œuvre que Bataille met au jour entre l'homogène – ou régime de l'utilité unifié par les logiques rationnelles – et l'hétérogène – ou régime « tout autre » absolument incommensurable et étranger au premier et constitué par son excédent[54]. Ces deux modalités d'être correspondent aux deux principes économiques ou énergétiques qui régissent les rapports humains : celui de l'acquisition / assimilation, ou de la « production » orientée vers l'intérêt, et celui de la « consumation » ou dépense en pure perte[55]. Le cimetière participe du « monde *hétérogène* [qui] comprend l'ensemble des résultats de la dépense *improductive* […] : tout ce que la société homogène rejette soit comme déchet, soit comme valeur supérieure transcendante »[56]. Deux logiques animent l'hétérogène dans son rapport à l'homogène : d'une part, il est défini comme négation de l'homogène, selon une logique de l'*exclusion* et de l'*interdiction*; d'autre part, il résiste, selon une logique d'*insubordination* ou de *transgression*[57]. Ensuite, la mort appartient à cette « part maudite » composée des « grands détours luxueux qui assurent la consumation intense de l'énergie » excédentaire[58]. La particularité de cet ensemble hétérogène est d'être lui-même ambivalent et animé par un rapport de force entre deux polarités constitutives – un pôle bas (*déjection*) qui engendre la *répulsion* et un pôle haut (*transcendance*) qui engage l'*attraction* –, composées des éléments inassimilables par la partie homogène[59].

Les imaginaires du kitsch et de la ruine à l'œuvre

Notre hypothèse est que le kitsch et la ruine sont des imaginaires qui charrient une expérience du reste, c'est-à-dire précisément de l'impur. Ces imaginaires sont impurs dans leur forme (stéréotypée), dans leur contenu (la figuration du reste), dans leur jeu de tension

54. G. Bataille, « Définition de l'hétérologie » [vers 1930], *Cahiers Bataille* 1, 2011, p. 236. Cette perspective d'étude est ouverte par G. Ernst, « Georges Bataille et la question du corps mort », *Frontières* 23/1, 2010, p. 40-46.

55. G. Bataille, *La Part maudite*, précédé de *La Notion de dépense* [1933], Paris, Minuit, 1967.

56. G. Bataille, « La structure psychologique du fascisme » [1933], *Hermès. La Revue* 5-6, 1989, p. 137-160, p. 142.

57. *Ibid.*; voir aussi *La Notion de dépense*, *op. cit.*, p. 18-45 et G. Bataille, *L'Érotisme* [1957], Paris, Minuit, 2011.

58. Au même titre que la manducation et la reproduction sexuelle (G. Bataille, *La Part maudite*, *op. cit.*, p. 73).

59. G. Bataille, « La structure psychologique du fascisme », art. cit., p. 142. Bataille ajoute une troisième composante, les « formes subversives », qui exigent « que ce qui est bas devienne haut, que ce qui est haut devienne bas » (*ibid.*, p. 157).

(idéalisation et résistance). Le kitsch et la ruine, qui engagent la figuration du reste, donnent des outils représentatifs, discursifs et conceptuels permettant la prise en charge du déchet, à la fois comme le résidu de ce qui manque et comme le reste irréductiblement là. Ils permettent de rendre visible ce que la rationalité contemporaine masque de la mort, particulièrement les corps réduits à des identités narratives désincarnées. Cela oblige à un renversement qui fait du kitsch un imaginaire hors de l'homogène qu'il est censé incarner par sa dimension consumériste et capitaliste. L'esthétisation des cimetières porte en elle son principe de résistance.

1. L'épreuve-défaite : l'expérience de l'absence

D'abord, ces imaginaires informent notre perception du déchet pris dans son imperfection comme la plus petite part restante, carencée, qui indique l'altération et l'absence ; c'est « *le* reste [qui] fait signe vers le manque »[60]. Ces imaginaires prennent en charge la négativité à l'œuvre dans la mort, ce qu'il y a en *creux*. Ils pointent vers un objet absent sans le présenter eux-mêmes, instruisant la mort comme une *défaite*. La ruine qui est une forme dégradée, corrompue, rend visible le procès de mort biologique. Le kitsch, qui désigne une copie dégradée et inauthentique, rend visible le procès de déclassement, ou mort sociale. Cependant, dans le cas de la ruine, l'altération se fait par manque de la forme complète alors que dans le kitsch elle se fait par excès dans la reproduction de *simili*. Et ces imaginaires engagent deux épreuves différentes de l'absence : le kitsch informe une expérience d'être par procuration, puisque c'est l'imitation inauthentique d'un original ; la ruine implique une expérience d'être par l'indice, car c'est la corruption d'un objet complet. Dit autrement, du point de vue du rapport à la totalité, le kitsch renvoie à l'anecdotique et la ruine à l'historique. Dans les deux cas, l'absence est infinie puisque ni l'original, modèle de l'objet kitsch, ni la forme initiale, complétant le reste en ruines, ne peuvent être trouvés restaurant alors une unité et une complétude originaires. Kitsch et ruine procèdent d'objets usés :

60. F. Théron, « La part de l'intraitable chez Georges Bataille », dans S. Lafont (dir.), *Le Reste*, Montpellier, Presses Universitaires de la Méditerranée, 2006, p. 75-89, p. 75.

qu'ils soient dissouts ou corrompus. En effet, l'original est détruit par la multiplication des copies kitsch et la forme est altérée par une corrosion irréversible.

2. *L'épreuve-défi*[61] *: l'expérience de l'altérité*

En outre, ces imaginaires donnent des outils de compréhension et de représentation de ce qu'il y a d'irréductible dans le déchet. Le déchet est, en ce sens, pris dans sa perfection comme la part restante qui résiste à la dissolution ; c'est « *les* restes [qui] sont en excès »[62]. Ces imaginaires prennent en charge la dépense à l'œuvre dans la mort, ce qu'il y a en *excès*. Ce sont des imaginaires qui se réduisent à leur objet, si imparfait soit-il, instruisant la mort comme une *altérité*. Les imaginaires du kitsch et de la ruine incarnent ainsi les deux pôles antithétiques de l'hétérogène bataillien. Le kitsch, pôle bas, implique le divertissement, le prosaïsme, le graveleux et la jouissance ; le corps y est compris comme centre indépassable. La ruine, pôle haut ou sacré, engage le sublime qui suscite terreur et désir ; elle réfère à tout ce qui dépasse l'homme. Ces deux imaginaires, celui du sexe et celui du sacré, impliquent une résistance aux logiques rationalistes et invisibilisantes, soit par la restitution du rapport à la matière incarnée, soit par l'abstraction et l'idéalisation de cette matière. C'est probablement au cours de sa vie au sein du cimetière que se révèle la puissance occultée du kitsch. Ainsi l'esthétisation des cimetières, par sa mise en œuvre d'imaginaires impurs, ouvre-t-elle la voie à une nouvelle modalité de visibilisation de la mort.

61. On s'est inspirée de la bi-partition – « *épreuve sanction* » et « *épreuve défi* » – proposée par D. Martuccelli, « Les deux voies de la notion d'épreuve en sociologie », *Sociologie* 6/1, 2015, p. 43-60.

62. F. Théron, « La part de l'intraitable chez Georges Bataille », art. cit., p. 75.

CONCLUSION

Si la mort est donc « iconophile », elle engage des imaginaires plus que des images, dont les contemporains sont la ruine et le kitsch. Loin de ne servir que des logiques d'esthétisation travestissant la mort, ces imaginaires figurent l'épreuve de la mort. Leur stéréotypie caractérisée par la faible variété, la fixité et le cliché, n'implique pas pourtant une perte de force suggestive et expressive. Ces imaginaires ne sont donc pas de simples voiles lénifiants posés sur les morts, mais prennent en charge l'impureté de la mort dans ce qu'elle a d'inacceptable et d'irreprésentable, en d'autres mots, d'obscène, son statut de déchet. L'expérience esthétique des cimetières thématise l'impureté de l'expérience de la mort selon plusieurs modalités. D'abord, elle est fondée sur des imaginaires impurs (*impureté formelle*), en tant que dévalués car stéréotypiques, et ambivalents car articulés autour de mises en tension irrésolues. Ensuite, cette expérience active des imaginaires hétérologiques (*impureté essentielle*), qui figurent le reste et ses dynamiques.

Le phénomène d'esthétisation des cimetières est donc moins le symptôme de la négation de la mort dans nos sociétés, ainsi que le condamnent Ariès ou Urbain, qu'un possible procès de résistance. S'il y a bien une modification de la fonction dialogique entre les vivants et les morts dans le cimetière contemporain qui, jusqu'alors, résidait dans une disposition de l'attention des vivants à se laisser perturber, quoique de moins en moins, par les voix d'outre-tombe, l'activation des imaginaires impurs du kitsch et de la ruine engage les logiques de débordement et de l'excès de *ce qui reste*.

PISTES, REVUE DE PHILOSOPHIE CONTEMPORAINE 5 (2024)
190 p., ISBN : 978-2-7116-8429-8, p. 149-170, VRIN.

« Double Vision » : *L'impureté comme processus fondamental de subjectivation dans la théorie féministe du cinéma de Teresa De Lauretis*

Louise Bouvet

> Il existe une certaine configuration de problèmes formels ayant été constamment articulés dans le cinéma de femmes. La manière dont ils ont été exprimés et développés, à la fois artistiquement et théoriquement, semble faire signe moins vers une « esthétique féminine » qu'une désesthétique. Et si le mot paraît maladroit ou inélégant [1]

Technologies of Gender, recueil d'essais théoriques portant sur le film et la fiction, s'achève par cette phrase mystérieuse, sans proposition principale ni ponctuation finale. Plutôt, elle ne s'achève pas et demeure en suspens, sans clôture, sur un « et si… » dont l'auteure refuse de nous offrir autre chose que cette subordonnée. Teresa De Lauretis conclut par là même le dernier chapitre de l'ouvrage, *Rethinking Women's Cinema : Aesthetics and Feminist Theory*, préférant à l'instauration d'une esthétique proprement féminine la notion de désesthétique féministe. Et si le mot paraît maladroit ou inélégant… Alors quoi? Cette étrange phrase de fin fait signe vers l'étrangeté, l'inélégance de la théorie de De Lauretis, à la fois dans sa propre écriture et dans son projet pour le cinéma de femmes. La phrase refuse de se clore et se déploie en aposiopèse, figure de style caractérisée

1. Teresa De Lauretis, *Technology of Gender : Essays on Theory, Film, Fiction*, Bloomington, IN, Indiana University Press, 1987, p. 146.

par Georges Mounin comme proche de celle de la « réticence »[2] : loin de la clôture – de la pureté – traditionnelle de la grammaire, De Lauretis revendique cette volonté de retarder, de ne rien achever du souffle théorique de son essai. Cette irrévérence grammaticale est « fort ordinaire dans les menaces » écrit Bernard Lamy[3]. Si le mot ne vous convient pas, prenez garde ? On retiendra davantage la capacité à court-circuiter les formes traditionnelles du langage pensées par Johan Faerber : « En effet, le contemporain a en premier lieu recours à l'aposiopèse pour se libérer de la phrase et contre-phraser les discours afin de s'en déprendre. Il s'agit là d'interrompre le langage dans son bavardage »[4]. La figure de style usitée trahit le programme de De Lauretis dans cet ouvrage : interrompre ce que le linguiste nomme les discours endoxaux. Faire usage de l'in-clôture, de ce qui excède la forme achevée, c'est envisager la possibilité d'une forme impure. De la même manière qu'une fenêtre laissée ouverte offre la possibilité de laisser entrer dans la pièce sons ou poussières, qu'une nourriture laissée à l'air libre se couvre bien vite de moucherons, la phrase inachevée autorise le mélange avec ce qui se trouve proche d'elle : la page blanche renvoyant le lecteur à sa propre analyse[5]. Ne pas fermer la phrase, c'est permettre au lecteur ou à la lectrice de la compléter, d'imaginer ce qui suivra cette proposition subordonnée. Que doit-on alors entendre par désesthétique, et en quoi est-elle, à l'image de la figure de style qui l'accompagne, profondément impure ?

La notion d'impureté sert ici plusieurs desseins. Elle permet en premier lieu de s'intégrer à une perspective philosophique ayant acté le nécessaire manque de clôture sur soi de l'expérience esthétique, en refusant au sens large de la séparer du champ politique et éthique. Si l'on peut imaginer une expérience à la fois clôturée et impure, ainsi qu'une forme ouverte qui n'ouvrirait pas vers d'autres domaines, Teresa De Lauretis endosse dans ses textes une contamination perpétuelle du champ politique par le champ esthétique et *vice-versa*.

2. Voir G. Mounin (dir.), *Dictionnaire de la linguistique*, Paris, Puf, 1974, p. 313

3. B. Lamy, *La rhétorique ou l'art de parler*, 3e éd., Paris, André Pralard, 1688, p. 118.

4. J. Faerber, « 5. Pour une *physique* de la littérature contemporaine », dans J. Farber (dir.), *Après la littérature. Écrire le contemporain*, Paris, Puf, 2018, p. 169-194.

5. Le moucheron, dans *La Semaison* de Jaccottet, étant précisément cet élément impur arrivant après la lecture, une fois le livre d'autrui achevé. Il est cet élément qui ouvre au monde, fécond dans son état parasitaire : « Tous ces livres, tous ces mots – toutes ces innombrables, subtiles, profondes, mortelles pensées. Pour s'ouvrir à la pluie qui tombe, traversée de moucherons, d'insectes » (p. 157-158).

Éthique et politique sont au cœur du projet esthétique de De Lauretis, et l'émotion esthétique est toujours pour elle une réponse à une œuvre qui oblige à répondre de, en prenant ses responsabilités en tant que sujet politique situé. De plus, le sujet même de ses recherches – le cinéma – force une impureté méthodologique, en ne faisant pas *a priori* de distinctions entre le cinéma d'auteur et de divertissement, et en considérant l'expérience cinématographique comme mâtinée d'impressions de divertissement, de jeu, d'obsession en même temps que le lieu même d'une réflexion critique sur l'idéologie capitaliste dominante. Cette vision du théoricien faisant flèche de tout bois, valorisant à la fois le populaire et le savant, était déjà présente dans l'esprit des *Cahiers du Cinéma.* Antoine de Baecque rappelle cette démarche :

> L'exemple emblématique de ce travail cinéphile demeure l'amour du cinéma hollywoodien des années 1950, tel qu'il s'est exprimé à travers l'éloge de ses grands auteurs. Le rôle de la cinéphilie aura finalement été de légitimer ce cinéma américain classique, vif, actif, tonique, excitant, extravagant, considéré à l'époque comme un spectacle de pur divertissement, et craint d'abord pour cela par l'ensemble du cinéma français d'après-guerre[6].

L'expérience esthétique n'est pas chez De Lauretis l'instant déchirant d'une rupture entre l'art et le monde mais, au contraire, l'événement mettant en relation la manière dont les deux sont liés par l'idéologie. Dans *Alice Doesn't*, De Lauretis pense le terme d'« expérience » pour décrire le processus par lequel la subjectivité se construit « sémiotiquement et historiquement »[7]. En empruntant la notion d'« habitude » pensée par Charles S. Peirce, elle définit l'expérience comme « le complexe d'habitudes résultant de l'interaction sémiotique entre le "monde extérieur" et le "monde intérieur", l'engagement continuel de Soi et d'un sujet dans la réalité sociale »[8]. Il est essentiel de saisir l'expérience comme un concept à la fois esthétique – l'expérience sensible du film – et social – le cinéma comme sphère publique.

6. A. De Baecque, *La cinéphilie. Invention d'un regard, histoire d'une culture (1944-1968)*, Paris, Fayard, 2003, p. 8.

7. T. De Lauretis, *Alice Doesn't, Feminism, Semiotics, Cinema*, Bloomington, IN, Indiana University Press, 1984, p. 71.

8. *Ibid.*, p. 72.

L'on conviendra avec Louis Althusser que c'est justement « dans les formes et sous les formes de l'assujettissement idéologique qu'est assurée la reproduction de la qualification de la force de travail »[9]. C'est-à-dire que les films, porteurs et producteurs de cette idéologie, sont « l'enjeu, mais aussi le lieu »[10] de la lutte des classes et de la lutte féministe. L'expérience esthétique est impure dans la mesure où elle ne peut être désinvestie de cette lutte, où tout sujet ému par l'expérience ressaisit par elle son placement dans le monde. Cette expérience est singulière, vécue par des sujets constitués par leur rapport avec le monde, par la place qu'ils occupent dans l'économie générale. L'expérience du cinéma est toujours une expérience mêlée, qui situe le ou la spectateur·ice. Il s'agira, avec ces bases en tête, de comprendre comment l'impureté n'est donc pas seulement un élément de l'expérience, mais son mode opératoire. Comment l'impureté peut-elle être considérée comme un processus fondamental dans la subjectivation et comment évaluer alors un cinéma de femmes qui ne peut alors être considéré que comme impur ? Le sujet féministe, selon De Lauretis, se fait voyant de par sa vision double. Comment penser alors au cinéma la question de cette adresse, de l'interpellation au cœur de tout appareil idéologique ? Le cinéma est-il le lieu d'une adresse double ?

Notre étude s'appuie sur l'ouvrage de De Lauretis *Technologies of Gender*, plus précisément sur les premier, sixième et septième chapitres. L'ensemble, très riche et dont le public français ne possède pas encore de traduction établie, renseigne sur les liens essentiels entre théorie politique et esthétique dans le courant féministe des études cinématographiques américaines. Les trois chapitres cités permettent un questionnement plus direct de l'impureté fondamentale de l'expérience cinématographique genrée, dans la mesure où le sujet désigné comme féminin est à la fois inscrit dans et au dehors de l'idéologie, dans un mouvement dans et hors la représentation idéologique[11]. Il s'agira par le biais de la notion d'impureté d'explorer un pan de son travail, montrant les puissantes reconfigurations de l'expérience esthétique qu'elle propose dans l'épreuve de la

9. L. Althusser, *Positions* [1964-1975], Paris, Éditions sociales, 1976, p. 84.

10. *Ibid.*, p. 82.

11. « Women are both inside and outside gender, at once within and without representation » (*Technologies of gender*, *op. cit.*, p. 10).

subjectivation genrée du spectateur. C'est ainsi dans la lignée du travail de Teresa Castro, portant sur la revalorisation philosophique de ces théoriciennes du cinéma, que cette étude cherche à s'ancrer. La méthodologie s'articulera donc autour de deux aspects. D'un côté, dans une synthèse de lecture, l'explicitation de l'argumentaire de De Lauretis permet d'explorer la position de l'auteure par rapport à la spécificité de la subjectivité féministe dans le domaine de l'esthétique. En complément, une approche critique de ces thèses tentera d'expliciter ce rapport constitutif à l'impureté de l'expérience de spectatrice (*as a woman and a a-woman*), que De Lauretis nomme également désesthétique.

L'IMPURETÉ DE L'AUDIENCE : HÉTÉROGÉNÉITÉ DU SUJET-SPECTATEUR

L'expérience cinématographique se présente donc, avant tout, comme une expérience vécue par un sujet : le spectateur ou la spectatrice. Le terme d'adresse est d'ailleurs essentiel pour la définition d'un cinéma de femmes par De Lauretis. Dans « Guerrilla in the Midst », De Lauretis passe de la description du mode de présentation du cinéma féminin à sa localisation dans un contexte politique[12]. Une fois encore, elle affirme que le cinéma des femmes s'intéresse à la représentativité des femmes en tant que sujets sociaux, et que cela implique des stratégies formelles de contradiction et de contestation : le projet de travailler avec et contre la narration, de décaler la place du regard, de jouer avec le croisement et le renversement à la fois des genres filmiques et du genre social. Elle définit ici le cinéma féminin de manière assez différente, en fonction de sa capacité à identifier et à s'adresser à des communautés réelles, en mettant en avant des groupes marginaux ou émergents au sein du féminisme et, fait intéressant, en travaillant contre son « auto-cohérence imaginaire » :

> En somme, ce que j'appellerais les films alternatifs au sein du cinéma féminin sont ceux qui abordent les problèmes du moment, les vraies difficultés, les choses réellement en jeu dans les communautés féministes à une échelle locale, et qui, bien que nourris par une

12. T. De Lauretis, « Guerilla in the Midst : Women's Cinema in the 80s », *Screen* 31/1, 1990, p. 6-25.

> perspective globale, ne présument pas ou ne visent pas un auditoire universel et multinational, mais *s'adressent* à un public particulier avec son histoire spécifique de luttes et de situations de crises [13].

C'est cette adresse dont il faut préciser les modalités : à qui s'adresse le film ? Quel sujet le film mobilise-t-il, et quel sujet crée-t-il de par sa forme, sa textualité, son idéologie ? La notion de *spectatorship* – désignant selon les auteurs la fonction de spectateur ou l'être-spectateur – permet de penser le cinéma-en-tant-qu'adresse, et de préciser ainsi des types de sujet. Il est intéressant de noter que la catégorie d'audience est pensée immédiatement de manière impure par De Lauretis, dans la mesure où elle ne suppose pas une unité homogène constitutive du sujet spectateur. Le *spectatorship* est une notion immédiatement genrée pour elle, et permet de penser des réponses esthétiques différenciées. L'unité de l'expérience du spectateur n'a jamais été qu'une fiction idéologique, celle d'une hégémonie dans « l'appareil idéologique cinématographique » [14] du spectateur masculin, présupposé comme le seul envisageable – la présence de sujets sociaux femmes spectatrices n'étant pas prise en compte, puisque leur regard est capté comme masculin. Cette thèse de l'hégémonie du regard masculin a été associée à la pensée de Laura Mulvey. Les deux théoriciennes divergent sur ce point. Mulvey théorise dans un article ayant fait date la logique de captation genrée de l'expérience cinématographique [15] : la femme n'est pas visible dans l'audience qui est perçue *de facto* comme masculine. Il faut noter que l'argument selon lequel le sexisme était intégré au film au niveau de la forme, et était même intrinsèque au dispositif filmique avait des implications profondes, sur lesquelles Mulvey est revenue par la suite. De Lauretis, si elle part du même constat – l'audience est affaire de genre – interprète cette configuration moins comme des preuves de l'absolue altérité du féminin dans la salle de cinéma, mais plutôt comme une mise en lumière des subjectivités genrées de leurs créateurs. Elle affine et développe la tradition critique de Mulvey. Dans son travail, le concept de cinéma féminin répond aux enjeux théoriques et aux changements culturels des années 1980 et 1990.

13. T. De Lauretis, « Guerilla in the Midst : Women's Cinema in the 80s », art. cit., p. 126.
14. T. De Lauretis, *Alice Doesn't*, *op. cit.*, p. 73.
15. L. Mulvey, « Visual Pleasure and Narrative Cinema », *Screen* 16/3, 1975, p. 6-18.

D'emblée, De Lauretis propose une approche reconstructrice plutôt que déconstructiviste :

> La tâche actuelle du cinéma des femmes n'est peut-être pas la destruction du plaisir narratif et visuel, mais plutôt la construction d'un autre cadre de référence, un cadre dans lequel la mesure du désir n'est plus seulement le sujet masculin. Car l'enjeu n'est pas tant de « rendre visible l'invisible » que de produire les conditions de représentativité d'un sujet social différent[16].

L'idée de l'audience comme lieu d'agrégat de singularités plutôt que d'homogénéisation des sujets n'est pas nouvelle dans les études cinématographiques, mais le premier chapitre de *Technologies of Gender* est également l'occasion pour De Lauretis d'envisager une impureté du sujet féminin, en critiquant l'aspect monolithique des théories politiques du sujet de Michel Foucault et d'Althusser. Il existerait tout d'abord une différence dans la manière dont les sujets masculins et féminins sont sollicités, et c'est cette différence que, selon De Lauretis, manque Foucault dans son *Histoire de la sexualité* :

> Mais il faut d'abord dire, d'où le titre de cet essai, que penser le genre comme le produit et le processus d'un certain nombre de technologies sociales, de dispositifs techno-sociaux ou bio-médicaux, revient à dépasser Foucault, car sa compréhension critique de la technologie du sexe ne prenait pas en compte sa sollicitation différentielle des sujets masculins et féminins[17].

En pensant une homogénéité du sujet, de par sa masculinisation *a priori*, la subjectivation tombe dans une forme de fantasme de pureté. L'homogénéité de l'expérience ne constitue pas pour l'auteure une possibilité d'ouverture à l'universel, contre l'argument considérant la neutralité du masculin comme opportunité de transcendance au-delà de la différence des sexes. Toute la difficulté de sa démarche revient à caractériser la subjectivité par son aspect dynamique, en construction, à la fois présente à elle-même et étrangère à elle-même. Ce sujet possède un point de vue singulier, enrichi par la multiplicité des ancrages.

C'est à ce propos que De Lauretis débute une critique des thèses d'Althusser, avec qui elle entretient un dialogue étroit et fécond

16. T. De Lauretis, *Technologies of Gender*, *op. cit.*, p. 8-9.
17. *Ibid.*, p. 3.

tout au long de l'ouvrage. Du philosophe français, elle retient la théorie de l'interpellation idéologique, ce processus par lequel une représentation sociale est « absorbée par un individu comme sa propre représentation »[18] et qui devient, pour cet individu, « réelle, bien qu'en fait imaginaire »[19]. L'adresse genrée au spectateur est au sens fort du terme une auto-interprétation, et le cinéma comme appareil idéologique est le lieu où se construisent les conditions de cette absorption. Elle développe cette ligne de pensée en réponse aux films féministes des années 1980 dans lesquels elle perçoit « une esthétique de la réception »[20], un effort conscient pour s'adresser au spectateur en tant que femme, qui « permet au film d'attirer dans sa texture discursive quelque chose de ce "réel" qui est l'expérience non théorisée des femmes »[21].

Une théorie féministe du cinéma comme celle de De Lauretis s'intéresse à la manière dont la situation d'être spectateur (*spectatorship*) doit être pensée comme fabriquée, produite par l'appareil cinématographique en tant qu'il est une technologie du genre, au sens foucaldien d'instance productrice. Dans *Technology of Gender*, elle formule la thèse selon laquelle le cinéma produit un statut de spectateur genré, et qu'il est le lieu idéal pour saisir la manière dont la représentation genrée est absorbée par l'individu. Elle ajoute ainsi un élément essentiel à la notion d'interpellation althussérienne : l'interpellation genrée. Elle opère effectivement un glissement de la question de l'idéologie à celle du genre. Althusser notait que l'idéologie possède une fonction qui est de transformer les individus en sujets[22] : en remplaçant le terme d'idéologie par celui de genre, on obtient une affirmation toujours fonctionnelle, mais avec un « léger déplacement du sens »[23]. De Lauretis reprend à son compte la citation althussérienne en la remaniant : « Le genre a une fonction

18. T. De Lauretis, *Technologies of Gender*, *op. cit.*, p. 11.

19. *Ibid.*, p. 12.

20. *Ibid.*, p. 114.

21. *Ibid.*, p. 119.

22. L. Althusser, *Positions*, *op. cit.*, p. 67 : « L'idéologie "agit" ou "fonctionne" de façon à recruter des sujets parmi les individus (les recruter tous à ou à "transformer" les individus en sujets (les transformer tous) par le moyen de cette opération très précise que nous appelons interpellation laquelle peut être figurée par le type même de l'interpellation policière la plus banale de tous les temps : "eh, vous là-bas ! " ».

23. T. De Lauretis, *Technologies of Gender*, *op. cit.*, p. 13.

qui est de constituer les individualités concrètes en hommes et en femmes »[24]. Le genre et l'idéologie sont donc liés dans ce qu'elle nomme l'idéologie du genre. Les élaborations de discours filmiques (grammaire de la caméra, dialogues, découpages) forment une adresse qui crée le sujet genré.

Le chapitre « Rethinking Women's Cinema » est centré sur la lecture de *Born in Flames* (1983) de Lizzie Borden, un film de science-fiction décrivant un soulèvement féministe dans lequel des femmes de plusieurs classes, cultures et sous-cultures se mobilisent avec succès en reconnaissant leurs différences et en y trouvant une force. De Lauretis considère que la mise en avant de personnages (et de comédiennes) noires dans un film réalisé par une femme blanche est particulièrement importante, non pas parce qu'elle complète un « manque » dans le féminisme blanc (bien qu'à l'époque de la rédaction de cet ouvrage, la négligence du féminisme blanc à l'égard des questions de race fît l'objet d'un débat enflammé), mais parce qu'elle crée des possibilités identificatrices plus complexes, en s'adressant au spectateur en tant que « femme dans son genre, et multiple ou hétérogène dans sa race et sa classe »[25]. Elle cite Borden à propos de l'adresse du film à son public retranscrite à l'écrit :

> Ce que j'essayais de faire (en utilisant l'humour comme moyen d'y parvenir), c'était de proposer différentes positions dans lesquelles tout le monde avait une place à un certain niveau. Chaque femme – pour les hommes, c'est une tout autre question – s'identifie à un certain niveau à une position dans le film […]. En fait, le positionnement des personnages noirs n'était pas dirigé contre les spectateurs blancs, mais plutôt une invitation : venez et travaillez avec nous. Au lieu de dire au spectateur qu'il ne pouvait pas être à sa place, le spectateur était censé être le réceptacle de tous ces différents points de vue et de tous ces différents styles de rhétorique. Avec un peu de chance, la personne sera capable de s'identifier à une position, mais aussi d'évaluer toutes les positions présentées dans le film[26].

La position de De Lauretis ne doit pas être confondue avec un multi-culturalisme : elle ne propose pas un cinéma de femmes dans

24. *Ibid.*
25. *Ibid.*, p. 119.
26. L. Borden, *Born in Flames*, London, Occasional Papers, 2011, p. 104, cité dans *ibid.*, p. 136

lequel les spectateurs s'identifient à leur propre image sur une base univoque, les femmes noires aux femmes noires, les femmes blanches aux femmes blanches, et ainsi de suite. Elle émet plutôt l'hypothèse d'un cinéma de femmes dans lequel la flexibilité de l'identification cinématographique fournit les moyens formels d'explorer la particularité, la multiplicité et la mutabilité des identités sociales. Dans ses propres termes : « Le concept d'hétérogénéité dans le public induit également une hétérogénéité du spectateur, ou dans le spectateur individuel »[27].

Or, cette hétérogénéité du sujet spectateur est encore affaire d'impureté. Impureté d'abord de l'usage de la théorie de l'interpellation par De Lauretis : son entreprise philosophique est une tentative de rendre impure, c'est-à-dire ici poreuse, la théorie de l'interpellation althussérienne. L'auteure critique, en effet, la séparation établie par Althusser entre les discours nécessairement emprunts de l'idéologie dominante (discours politique, culturel, esthétique) et la science, dernier bastion capable de se situer en dehors de l'idéologie. La science serait le lieu de cette pureté du regard, capable de s'abstenir de la contamination idéologique mais surtout capable de la ressaisir par son dehors. Le savoir scientifique serait le lieu où l'idéologie est vue comme la duperie, la relation imaginaire, le voile (*wool over one's eyes*[28]). Ce domaine pur est refusé catégoriquement par De Lauretis : « Cela n'est simplement pas le cas pour le féminisme et pour ce que je propose de nommer, pour éviter toute équivoque, le sujet du féminisme »[29]. Ce sujet est caractérisé par son incapacité à être situé définitivement. Il « n'est pas défini » : sa conception est « en progrès »[30], et il porte en lui une impureté constitutive. Ce sujet se distingue de toute tentative de conceptualisation exhaustive du sujet féminin, se distinguant de « La Femme » comme « représentation d'une essence inhérente à chaque femme »[31], mais également distinct « des femmes » comme « êtres historiques réels et sujets sociaux définis par la technologie du genre »[32]. Ainsi, de même que le sujet

27. L. Borden, *Born in Flames*, *op. cit.*, p. 142.

28. *Ibid.*, p. 9.

29. *Ibid.*

30. *Ibid.*, p. 10.

31. *Ibid.*, p. 24.

32. *Ibid.*

althussérien, le sujet du féminisme est une construction théorique, une façon de conceptualiser, de comprendre et de rendre compte d'un certain processus, et non pas de rendre compte « des femmes ». La différence fondamentale avec le penseur français est la question de la possibilité pour le sujet d'un lieu de retranchement pur et non taché d'idéologie. Althusser pense en réalité deux régimes de pureté : le sujet prend pour réel son détachement vis-à-vis de l'idéologie tandis que le domaine scientifique l'est effectivement. Les deux se considèrent toutefois extraits de l'idéologie, libérés d'elle, sans tache. Le sujet althussérien est un sujet aveugle, « qui, étant complètement dans l'idéologie, se pense en dehors d'elle et libre »[33]. La pureté est ici le fantasme d'un monopole du lieu hors. Il en est tout autrement pour le sujet du féminisme.

> Le sujet que je vois émerger des textes et débats actuels au sein du féminisme est un sujet qui est à la fois à l'intérieur et à l'extérieur de l'idéologie du genre, et conscient de l'être, conscient de cette double appartenance, de cette division, cette vision double[34].

La position de ce sujet est trouble, sa localisation toujours non pas entre deux, mais à la fois dans et hors. Elle n'est pas une alternance, une temporalité à deux temps qui sautillerait du point de vue « scientifique » au point de vue « du sujet », mais une complète habitation de ces deux lieux au même moment. Se tisse une métaphore de la vision dans cet essai : le sujet althussérien est sujet aveugle, incapable de saisir le voile tissé devant ses yeux, tandis que le sujet du féminisme serait ce sujet à la vision double, à même de distinguer à travers les mailles du tissu toujours en même temps posé devant son regard. Le sujet du féminisme est ce sujet capable de voir le dedans et le dehors du motif. La position est impure puisqu'elle n'est jamais tranchée, elle est mâtinée de deux éléments étrangers. Cette impureté de la localisation permet précisément au sujet féministe de vivre dans « la contradiction » qui est « sa condition »[35]. L'impureté n'est pas une modalité adjacente du sujet, mais son mode opératoire, et le flou qu'il habite est précisément son lieu d'origine : « le sujet du féminisme est

33. *Ibid.*
34. *Ibid.*
35. *Ibid.*, p. 25.

engendré ici. Cela veut dire, ailleurs »[36]. Cet ailleurs n'est pas délégué à une altérité temporelle ou spatiale ; il n'est pas présent dans un lieu autre ou annoncé pour un temps à venir. Cet ailleurs se loge au contraire au plus près du sujet. Il n'est pas un « passé distant et mystique ou une histoire future utopique ». C'est l'ailleurs du discours (*the elsewhere of discourse*), ici et maintenant, qui est en jeu ici. Il se loge dans les points aveugles, dans les failles des représentations, ce que De Lauretis appelle le hors-champ du discours hégémonique, à la fois présent et absent, ici et ailleurs. C'est cet étrange pas-de-deux que De Lauretis nous invite à considérer dans le même temps.

Le sujet du féminisme est conscient de soi comme sujet intégré dans l'idéologie, et en dehors de lui : cette impureté permet de s'élever au-delà d'une conception du genre comme pure différence sexuelle universelle. Ici il y a bien une différence entre « les femmes » comme sujet social et « La Femme » comme représentation, mais est également permise une différenciation des femmes entre elles. En effet, le sujet du féminisme, s'il possède cette double vision, ne l'applique pas de manière uniforme, et se rend aveugle à certains aspects de l'idéologie plutôt qu'à d'autres. Ainsi, De Lauretis explicite comment l'ouvrage *This Bridge Called My Back*, recueil d'essais de femmes noires américaines, a permis de démontrer comment le féminisme blanc peut se montrer complice de l'idéologie, « à la fois l'idéologie en général (incluant le classisme ou le libéralisme bourgeois, le racisme, le colonialisme, l'impérialisme et j'ajouterais, dans une certaine mesure, l'humanisme) et l'idéologie du genre en particulier – c'est-à-dire l'hétérosexisme »[37].

Tous ces enjeux sont pertinents vis-à-vis de *La Leçon de Piano* (1993) de Jane Campion, un classique du cinéma dit féministe largement commenté dans deux perspectives : comme une romance féministe et comme une représentation critique de la Nouvelle-Zélande coloniale. Les critiques ont été généralement enthousiastes quant à la représentation du désir féminin dans le film, bien que certains aient critiqué sa dynamique sado-masochiste. Un groupe plus restreint de critiques a questionné sa représentation de l'identité culturelle dans le cadre des débats contemporains en Nouvelle-Zélande. Alison Butler explique la problématique politique culturelle du film par le biais de

36. L. Borden, *Born in Flames*, *op. cit.*, p. 25.

37. *Ibid.*, p. 11.

la relation entre le récit et le décor : « Un mélodrame romantique [...] se déroulant dans un paysage où les "indigènes" servent de toile de fond au drame affectif des personnages principaux blancs »[38]. La sauvagerie est au cœur du romantisme de *La Leçon de Piano*, comme elle l'est dans *Les Hauts de Hurlevent* avec lequel le film a souvent été comparé. Sa structure narrative et son iconographie reposent sur une matrice d'oppositions classiques : nature/culture, civilisé/primitif, homme/femme. Les Maoris revêtent un rôle positif, mais ils ne sont pas représentés dans leur individualité ; ils constituent à peine plus qu'une attraction. Leur fonction idéologique est de faciliter un « fantasme de réconciliation coloniale » :

> Le primitivisme permet de surmonter les contradictions du colonialisme blanc ; tandis que les colonisateurs blancs pensaient apporter le progrès et la civilisation aux cultures « pré-modernes », leur projet était également animé par l'utopie de construire une société exempte des divisions et des inégalités politiques et économiques de l'Europe[39].

En bref, la conclusion du film est en contradiction avec les éléments à partir desquels le biculturalisme pourrait réellement être commenté. Si une analyse de *La Leçon de piano* dans une perspective postcoloniale n'invalide pas la qualité de sa représentation d'une subjectivité féminine dans une situation de crise, elle montre qu'il est dangereux de surévaluer le désir féminin, d'en faire un principe abstrait ou de réduire le féminisme à la légitimation de ce désir. La richesse de ce type d'œuvre est la possibilité de créer une tension au sein même du sujet féministe, tension provenant de la possibilité pour ce sujet de se troubler à nouveau, de devenir poreux à la possibilité d'être-au-monde en tant que sujet décolonial. L'expérience cinématographique permet – parfois – cette contamination, le sujet féministe se constituant comme sujet hésitant entre sujet féministe et sujet décolonial. L'expérience de réception acte bien cette hésitation. Certaines critiques complimentaient le film de manière particulièrement fine quant à sa critique du patriarcat, sa capacité de représenter le désir féminin, de filmer le corps de Harvey Keitel comme objet de désir ;

38. A. Butler, *Woman's Cinema : The Contested Screen*, New York, Wallflower Press, 2002, p. 82.

39. *Ibid.*, p. 84.

visibilité de l'aspect féministe du film, mais aveuglement total face à la limite de ce féminisme blanc. Une réception impure tour à tour éclairée et aveugle, en fonction de l'aspect de l'idéologie dominante – le sexisme ou le colonialisme – pris en compte.

Dans le sillage des thèses de Joan Kelly[40] on pensera ainsi le genre comme la représentation d'une relation, et que la place des femmes dans cette relation n'est donc pas une sphère séparée mais une position au sein de l'existence sociale générale, position qui est affectée par d'autres éléments comme l'explicite l'ouvrage *This Bridge Called My Back*[41]. En effet, c'est cette interdépendance entre la représentation sociale du genre et la constitution subjective du sujet qui permet une possibilité d'agentivité et d'auto-détermination au niveau subjectif et individuel, au niveau de la quotidienneté du sujet. Ce sujet hybride possède, contrairement au sujet althusserien, une possibilité de prendre conscience de sa place dans l'espace social idéologique, de prendre conscience de l'impureté de sa situation et d'agir en fonction de cette dernière. Nous revenons alors à ces deux questions introductives : comment penser alors au cinéma la question de cette adresse, de l'interpellation au cœur de tout appareil idéologique ? Le cinéma est-il le lieu d'une adresse double ?

LA DOUBLE VISION : HÉTÉROGÉNÉITÉ DU SUJET-SPECTATRICE

Le sujet du féminisme ne peut être que poreux et ne peut être pensé que dans ce va-et-vient entre vision et aveuglement. L'expérience de la spectatrice est fondamentalement impure, puisque non seulement différente entre homme et femme, entre les différentes femmes (selon leur race, leur classe) et, plus important encore, au sein d'une seule et même femme. L'impureté doit être comprise ici non pas comme altération d'une unité préexistante, ni comme un mélange. Loin de produire aveuglement ou conscience faussée, elle permet de penser une forme de clairvoyance ouvrant à

40. J. Kelly, *Women, History, and Theory : The Essays of Joan Kelly* (*Women in Culture and Society*), Chicago, IL, University of Chicago Press, 2014.

41. Cherrie Moraga et Gloria E. Anzaldúa, *This Bridge Called My Back : Writings by Radical Women of Color*, New York, Persephone Press, 1981

des potentialités épistémologiques singulières, du fait même de son impossibilité d'ancrage dans un sujet unique et stable. L'impureté au sens de De Lauretis est l'élément fondamental pour spécifier les modes de conscientisation d'une subjectivité féminine. Elle est le mode opératoire du sujet du féminisme. Ce sujet du féminisme, qui n'est ni la Femme, ni la femme réelle historique comme sujet social, est indéfini, en progression. Il est une construction théorique comme peut l'être le sujet althussérien, à une différence près : contrairement au sujet du philosophe français, le sujet du féminisme ne se place pas complètement dans l'idéologie, il est à la fois dans l'idéologie et au-dehors d'elle, dans le même temps. Les ancrages divers du sujet féministe confèrent à cette vision double une positivité, en transformant les divisions en multiplicité, les clivages en complexité. L'expérience esthétique est la plus à même de rendre sensiblement compte de ce trouble, étant l'expérience qui, de toutes, s'avère être par son ambiguïté constitutive la plus proche de cette complexité. L'expérience esthétique est alors une expérience trouble, non close sur elle-même, où se mêlent adhésion aux schèmes idéologiques dominants – puisqu'elle en reprend les stratégies narratives classiques – et remise en question de ces derniers dans le même temps. Les expériences sont mêlées, et sont « tout à la fois »[42], sans que ce va-et-vient ne puisse se résoudre dans la désexualisation du spectateur féminin ni dans une conceptualisation androgyne de la spectatorialité, qui ne différencie pas les spectateurs masculins et féminins.

Le sujet du féminisme est cette identité « pas si définie »[43], caractérisée par sa non-fixité, qui implique un trouble endémique à la position du sujet féministe. Ce trouble se ressent dans les œuvres réalisées par des artistes femmes au sein du canon traditionnel hollywoodien : nombre sont les critiques à avoir catégorisé les œuvres de Dorothy Arzner de discontinues[44], puisque la narration linéaire traditionnelle est court-circuitée par une contestation féministe qui semble ne jamais tout à fait arriver à son terme, tout en créant un trouble durable. Claire Johnston commente « l'imprévisibilité nerveuse d'une vision qui ne se concrétise pas tout à fait dans un style »

42. T. De Lauretis, *Technologies of Gender*, *op. cit.*, p. 102.

43. *Ibid.*, p. 103.

44. Voir C. Johnston, *Notes on Women's Cinema*, London, Society for Education in Film and Television, 1973.

qui, selon elle, exprime « le malaise d'une femme qui se sent artiste dans un pays étranger »[45]. Elle affirme que les narrations « décousues et fragmentées » des films d'Arzner résultent de la contestation du discours dominant et patriarcal d'Hollywood par le propos féministe d'Arzner :

> Dans les films d'Arzner, c'est l'univers de l'homme qui est scruté, qui devient étrange… Ce n'est que le discours de la femme, et son désir de transgression, qui fournit le principe de cohérence et produit du sens, c'est chez la femme qu'Arzner situe la possibilité de la vérité au sein du message cinématographique. C'est aussi pour cette raison que la narration semble plutôt décousue et fragmentée ; les conventions de l'intrigue et du récit sont pleinement manifestes, mais le jeu sur le discours de la femme rend la narration étrange, la subvertit et la disloque au niveau de la signification[46].

La lecture que fait Johnston des films d'Arzner à travers la tendance à la défamiliarisation et à la réflexivité des années 1970 a élevé *Dance, Girl, Dance* (1940) au rang de classique du cinéma féministe. Le film raconte l'histoire de deux amies, Bubbles (Lucille Ball) et Judy (Maureen O'Hara), qui travaillent ensemble dans une troupe de danse, mais qui nourrissent des désirs en apparence opposés, à savoir l'expression artistique et le gain commercial. Une scène en particulier nous intéressera ici. Au milieu d'une représentation, Judy interrompt son spectacle par un discours rageur qui décrit à merveille l'économie genrée du regard et de l'argent qui entoure les performances des femmes :

> Cinquante cents pour le privilège de mater une fille de la manière dont votre femme ne vous le permet pas [...]. Nous nous moquerions bien de vous, mais nous sommes payées pour vous laisser vous asseoir, rouler les yeux et faire vos remarques les plus intelligentes.

Johnston considère ce moment comme une rupture dans la trame du film, la seule véritable « rupture décisive entre le discours dominant et le discours de la femme »[47] dans l'œuvre d'Arzner. Le retournement

45. C. Johnston, *The Work of Dorothy Arzner : Towards a Feminist Cinema*, London, British Film Institute, 1975, p. 3.

46. C. Johnston, « Women's Cinema as Counter-Cinema » [1973], *in* S. Thornham (dir.), *Feminist Film Theory : A Reader*, Edinburgh, Edinburgh University Press, 1999, p. 32.

47. C. Johnston, *Notes on Women's Cinema*, *op. cit.*, p 37.

du regard masculin par Judy et la critique de l'objectivation des femmes qui l'accompagne semblent préfigurer la théorie de la politique genrée du regard dans la critique féministe du cinéma. Ce détournement reste momentané et l'on retrouve bien vite l'économie classique du film hollywoodien, se soldant par la formation de deux couples hétérosexuels – présentés avec ironie, c'est-à-dire sans que le texte n'adhère parfaitement à la représentation classique qu'il propose – coupant court à ce moment suspendu hors de l'idéologie. Le trouble vient donc également de l'impossibilité de trancher, de s'établir dans l'un ou dans l'autre des bords de la signification. La rébellion de Judy nous interpelle et nous sort du récit jusqu'ici déployé ; lorsque cette dernière forme finalement un couple « bien sous tous rapports » avec un riche bienfaiteur lui promettant la célébrité, il est difficile d'y voir autre chose qu'un exemple du processus historique d'inégalité et de domination qu'elle dénonçait auparavant ; pourtant le texte du film, sa mise en scène, ses dialogues, tout nous pousse à quitter le régime de la suspicion pour apprécier le *happy ending*. À tel point que cet enthousiasme paraît factice, ironique, déplacé : le trouble s'installe à nouveau, et découle de la faculté d'Arzner à tenir en même temps les deux lignes du récit : drame comique classique et film proto-féministe, *happy-ending* où Judy trouve la possibilité de réaliser son rêve ou final grinçant actant l'impossible émancipation de cette jeune vedette dans tous les domaines – romantique, artistique, professionnel. De la même manière, le processus d'interpellation sera teinté de cette même contrainte à l'inachèvement. Contre le cadre conceptuel conservé par une certaine partie des critiques féministes du cinéma comme Mulvey, elle cherche à s'extraire des références centrées sur l'interpellation masculine qui serait hégémonique au cinéma, et pense l'interpellation du sujet féministe comme un mouvement entre la représentation – et la fabrique – du genre et ce que cette représentation laisse au-dehors, ce qu'elle rend non-représentable.

Mulvey et De Lauretis diffèrent aussi dans leur conception de ce que doit être le nouveau langage cinématographique féministe. Mulvey conclut sa diatribe dévastatrice contre le cinéma narratif dominant en appelant de ses vœux « un nouveau langage du désir »[48] pour « libérer le regard de la caméra vers sa matérialité dans le temps

48. L. Mulvey, « Visual Pleasure and Narrative Cinema », art. cit., p. 7.

et l'espace, et libérer le regard de l'audience vers un détachement passionné et dialectique »[49]. Les femmes, dit-elle, devraient voir le déclin de la forme cinématographique traditionnelle avec une forme de « regret sentimental », et rien d'autre. Invalidant les possibilités d'un travail féministe dans le *mainstream* d'une part, et la perspective de l'émergence d'une esthétique féminine *de novo* de l'autre, Mulvey envisage le cinéma de femmes comme un contre-cinéma, dans la tradition d'opposition propre au modernisme politique. Elle voit le cinéma d'avant-garde, avec son histoire de schisme et d'innovation, comme un modèle pour le film féministe, ainsi qu'un réservoir de stratégies de défamiliarisation, de rupture et de réflexivité, incluant de manière cruciale les effets de l'aliénation théorisés par Bertolt Brecht et le formalisme pédagogique de Jean-Luc Godard. Invitant les réalisatrices à renoncer au plaisir visuel, à la jouissance des images, Mulvey pense une esthétique négative qui ne prendrait à aucun moment compte d'une beauté cinématographique, terme déjà trop chargé et revendiqué par la forme cinématographique dominante.

De Lauretis pense une ligne moins radicale en un sens, puisqu'elle sauve deux éléments que Mulvey rejette : le récit et la composition. En accord avec la prémisse selon laquelle le récit est la structure au sein de laquelle les positions de désir et d'identification sont élaborées, De Lauretis souligne que la seule façon de renégocier ces positions est de travailler « avec et contre »[50] le récit, la composition et la beauté des plans. *Technologies of Gender* nous offre alors l'une des tentatives les plus riches pour penser l'espace de la représentation féminine dans une œuvre d'art. Inachevée, impure, elle est donc absolument essentielle pour l'auteure :

> Si cette vision ne peut être vue nulle part, ni donnée dans aucun texte, ni reconnaissable comme représentation, ce n'est pas parce que nous, femmes féministes, n'avons pas encore réussi à la produire. C'est plutôt parce que ce que nous avons produit n'est pas reconnaissable, précisément, comme une représentation. Puisque cet « ailleurs » n'est pas un passé distant et mythique ou une historique future utopique : c'est l'ailleurs du discours ici et maintenant, l'angle mort, ou le hors-champ, de sa représentation. Je pense à elle comme aux places dans les marges des discours hégémoniques, des espaces sociaux gravés

49. C. Johnston, « Women's Cinema as Counter-Cinema », art. cit.,p. 39.
50. T. De Lauretis, *Technologies of Gender*, *op.cit.*, p. 128.

> dans les interstices des institutions, dans les failles et fissures de l'appareil savoir-pouvoir[51].

La spécificité de cette vision, de cette adresse double est donc son incommunicabilité en termes de représentation classique. Elle se situe à la fois au-dessus de la représentation, en nimbant l'ensemble de la production cinématographique, mais est ressentie comme également en deçà d'elle, comme un infra-sensible déjà-là avant la perception. La double vision implique cette impossibilité à être éclaircie, localisée, bien que nous le désirions, à la manière de la poétique du hors-champ dans le cinéma de Chantal Akerman, cité en exemple par l'auteure :

> Et c'est là que les termes d'une construction du genre différente peuvent être posés – ces termes qui ont des effets et se situent au niveau de la subjectivité et de la représentation de soi : dans les pratiques micropolitiques de la vie quotidienne et dans les résistances quotidiennes qui utilisent à la fois l'agentivité et les sources du pouvoir; et dans les productions culturelles des femmes féministes, qui portent la trace de ce mouvement dans et hors l'idéologie, ce franchissement constant des frontières – et des limites – de(s) différence(s) sexuelle(s)[52].

C'est pourtant dans cet indéfinissable que se joue tout le projet politique de constitution du genre détaché de la seule différence sexuelle. De Lauretis localise ce lieu à un niveau social et esthétique. Social d'abord, dans l'espoir qu'elle place dans l'agentivité quotidienne du sujet féministe, en opposition à la passivité endémique du sujet althusserien. Esthétique ensuite, dans les « productions culturelles » féministes, dont la caractéristique principale est cette constante mise en mouvement. Ce mouvement n'est pas téléologique, ayant pour finalité une forme de réconciliation, mais plutôt : « le mouvement entre les deux espaces n'est donc pas celui d'une dialectique, d'une intégration, d'une combinatoire ou d'une différance. Il relève de la tension, de la contradiction, de la multiplicité ou de l'hétéronomie »[53]. Cette tension jamais résolue est la base de sa pensée esthétique d'un cinéma féministe. Quelles en sont les principales caractéristiques ?

51. *Ibid.*, p. 27.
52. *Ibid.*, p. 237.
53. *Ibid.*, p. 276.

QUELLE ESTHÉTIQUE POUR LE CINÉMA FÉMINISTE ?

L'article « Strategies of Coherence » établit que le cinéma féministe a pour tâche de repenser avant tout non pas des logiques de représentations positives ou négatives du sujet féminin mais de concevoir l'adresse au spectateur de manière radicalement nouvelle. De Lauretis dégage deux voies possibles. Une première forme d'interpellation est mentionnée, que je nommerais « féminisation systématique ». L'exemple paradigmatique de cette tentative s'exprime pour l'auteure dans le cinéma d'Yvonne Rainer. La spectatorialité est un pivot essentiel du cinéma féministe dans la mesure où sa préoccupation de l'adresse « se traduit dans un effort conscient d'interpeller le spectateur comme féminin, quel que soit le genre de celui qui regarde »[54]. Cela permet à la production culturelle d'intégrer dans sa « texture discursive » une partie du réel, à savoir « l'expérience non-théorisée des femmes ». On retrouve cette même préoccupation dans le récent film de Céline Sciamma *Portrait de la Jeune Fille en Feu*, où le dispositif filmique implique constamment que le spectateur soit une spectatrice, partie intégrante de la communauté insulaire féminine qui sert de lieu au film. La mise en scène du film semble être entre les mains d'une troisième amante – la réalisatrice – cherchant à intégrer une quatrième amante – la spectatrice – puisque la caméra, et ses moyennes focales demeurent « à côté [de Marianne et d'Héloïse] comme une amie qui regarde, comme elles se regardent l'une l'autre [...] sans jamais étouffer ni empiéter »[55].

La seconde forme d'interpellation qui ressort de cet essai peut être caractérisée par une impureté systématique. Non seulement le cinéma féministe doit s'adresser au spectateur comme s'il était une femme, indépendamment de son genre, mais surtout cette adresse demeure toujours impure, à savoir qu'elle est double, à la fois adressée au Moi-spectatrice, en tant que femme, mais aussi comme non-femme (*a a-woman*). C'est cette position impure que De Lauretis nomme la « double vision », vision trouble, regard strabique fixé sur l'écran de cinéma, qu'il convient d'expliciter et de préciser. L'exemple paradigmatique de cette approche serait le désormais célèbre *Born in*

54. T. De Lauretis, *Technologies of Gender*, *op. cit.*, p. 98.

55. S. Hedley et T. R. Merchant-Kundsen, « Painting a Collaborative Gaze : Tactility and the Myth in Portrait of a Lady on Fire », *Film International* 19/2, 2021, p. 194-201.

Flames de Lizzie Borden, mais également le monologue final du film *The Man Who Envied Woman* de Yvonne Rainer. La voix *off* finale est commentée par De Lauretis, qui considère cet extrait comme une « nouvelle phase complète du cinéma de femmes » :

> Je sais que quelque chose est différent maintenant. Quelque chose comme une dé-féminité (*unwomanliness*). Pas une nouvelle femme, pas une non-femme, ou une misanthrope ou une anti-femme, et pas une lesbienne non pratiquante. Peut-être qu'une dé-femme n'est pas non plus le bon terme. A-femme (*a-woman*) est plus proche[56].

Devant la difficulté de traduire ce terme nouveau, on choisira de conserver l'idée d'un *a* privatif, qui place cet autre pendant de l'interpellation non pas comme le contraire de la féminisation mais comme une interpellation qui ne soit pas le sujet d'une différence sexuelle. De Lauretis le pense comme un « espace de contradiction », et formule la synthèse de cette adresse double comme « une (a-) femme, qui sollicite mon regard (non) féminin et ma subjectivité genrée dans ce que je nommerais une prise en compte de la non-prise en compte »[57] (*a recognition of misrecognition*). Le film construirait ainsi un espace narratif dans lequel la spectatrice est à la fois adressée comme femme et comme non-femme. Cela implique une ressaisie complète des narratifs traditionnels, afin que se construisent les « conditions filmiques de la possibilité pour les spectatrices de poser la question, même si cela nie la certitude d'une réponse ».

Le cinéma féministe est un cinéma de l'adresse trouble et double, qui s'interroge plus qu'il ne clôt le débat. Une poétique du cinéma féminin serait alors, selon De Lauretis, l'articulation par un·e réalisateur·trice de « son projet et de son processus artistique » : la capacité de construire l'espace de l'interpellation double. La théorie esthétique de De Lauretis est une théorie que l'on peut qualifier d'évolutive : au surgissement d'un nouveau sujet subjectif doit s'articuler la nécessité d'une nouvelle théorie de la représentation à même de le rendre sensible esthétiquement. Le sujet du féminisme demande un cinéma féministe, qui se caractérise par une

56. Y. Rainer, *The Man Who Envied Women*, Filmscript, p. 58, cité dans T. De Lauretis, *Technologies of Gender*, *op. cit.*, p. 23.

57. T. De Lauretis, *Technologies of Gender*, *op. cit.*, p. 24.

déconstruction ou une déstructuration, – voire une « destruction »[58] – de la majorité des « canons traditionnels, classiques et modernistes, de la représentation esthétique »[59]. Le cinéma féministe se construit donc sur cette tentative d'une interpellation déféminisée, dans un cinéma lui-même préoccupé par une désesthétique. De Lauretis use du préfixe de- en notifiant sa prévalence dans la caractérisation de toute tentative de construction du sujet féministe au cinéma : « on parle de désesthétisation du corps féminin, de désexualisation de la violence, de désœdipalisation du récit, etc. »[60]

Ultime contradiction de ce sujet qui puise les possibilités de sa représentation dans un méthodique abandon des usages représentationnels lisibles et reconnaissables. La représentation féministe se construit dans les interstices, les marges d'un langage cinématographique volontairement mis en péril, et dans le processus d'une « dé-représentation »[61] d'un sujet trouble. Le glissement de la recherche d'une « esthétique féminine » vers une « désesthétique féministe » ne peut se comprendre sans avoir en tête l'instauration de l'impureté comme modalité fondamentale de l'interpellation et de l'adresse dans ce nouveau cinéma. Et si cela paraît étrange ou inélégant

58. T. De Lauretis, *Technologies of Gender*, *op. cit.*, p. 146.
59. *Ibid.*, p. 147.
60. *Ibid.*
61. *Ibid.*

PISTES, REVUE DE PHILOSOPHIE CONTEMPORAINE 5 (2024)
190 p., ISBN : 978-2-7116-8429-8, p. 171-187, VRIN.

Désapprendre l'expérience esthétique

Theodora DOMENECH

Le concept de désapprentissage a été introduit par Raymond Williams en 1958 dans *Culture and Society*, puis il a gagné une notoriété importante lorsqu'il a été repris par Edward Saïd en 1978 dans *L'Orientalisme*. Pour Williams, Saïd et les théories critiques qui s'en inspirent, désapprendre consiste à destituer de leur reconnaissance institutionnelle et de leur caractère d'évidence et d'objectivité les contenus susceptibles de participer à l'instauration d'un rapport de pouvoir. Nous nous focaliserons ici sur le désapprentissage appliqué à l'expérience esthétique, en restreignant notre propos à l'expérience ayant pour objet des œuvres d'art. S'agissant de cet objet d'étude, désapprendre signifie soumettre les contenus culturels à une analyse matérialiste mettant au jour les conditions politiques ayant prévalu dans l'instauration du corpus canonique de l'histoire de l'art, en critiquant la légitimité de cette sélection et en proposant des redéfinitions et des sélections modifiées. Un tel désapprentissage s'applique prioritairement aux contenus, donc aux objets de l'expérience esthétique. Toutefois, soumettre une expérience à une redéfinition de ses objets peut avoir un effet sur la structure de l'expérience. Nous interrogerons ainsi dans cet article les effets du désapprentissage des contenus culturels sur l'expérience esthétique elle-même. Si la structure de l'expérience esthétique est susceptible de varier historiquement en fonction de ses contenus, elle peut être soumise au même examen critique que les contenus culturels. Si sa définition philosophique peut, tout autant, être influencée par des idéologies politiques, ne revient-il pas à la philosophie de conduire cette réflexion critique et politique sur ses concepts fondamentaux ? Considérer comme nécessaire le désapprentissage des contenus culturels oblige de fait à redéfinir l'expérience esthétique, pour inscrire la réflexivité politique dans les composantes essentielles de cette expérience.

Lorsqu'on y introduit cette composante critique, l'expérience esthétique perd-elle sa « pureté » au sens de son unité propre et de son autonomie à l'égard de facteurs historiques ? Peut-on désapprendre l'expérience esthétique sans la dénaturer ou sans renier le principe même de la particularité de son régime expérientiel ? Plus encore, peut-on imaginer que le désapprentissage se mêle à l'expérience esthétique au point d'en devenir une composante essentielle ? Nous aborderons ces questions en deux temps. Le rappel, tout d'abord, de ce que signifie désapprendre, depuis l'émergence de ce concept dans la pensée de Williams, jusqu'aux différentes convocations dans des écrits relevant des théories critiques. Puis nous interrogerons la pertinence du concept de désapprentissage pour notre objet d'étude, au travers d'une question : avec quelle conception de l'expérience esthétique l'application d'un processus de désapprentissage est-elle compatible ? Cela permet d'envisager l'inscription de la critique politique dans la structure de l'expérience esthétique. Il nous faudra pour cela envisager une articulation entre art et politique qui, malgré les influences croisées, conserve à l'un et à l'autre son autonomie, et préserve à l'expérience esthétique la singularité de son régime expérientiel.

MOTIFS ET MÉTHODES DU DÉSAPPRENTISSAGE

Le concept de désapprentissage intervient à la fin du livre de Williams intitulé *Culture and Society*, publié en 1958[1]. L'objectif de ce texte est de concevoir une pensée marxiste de la culture, tout en critiquant la tendance du marxisme à rapporter la production des biens culturels à une dualité de classe. Williams veut poser les principes fondamentaux d'une « culture commune »[2] qui soit

1. R. Williams, *Culture and Society, 1780-1950*, New York, Penguin Books, 1963.
2. *Ibid.*, p. 318.

égalitaire et authentiquement démocratique. Réfutant l'association de la culture démocratique avec la culture de masse, il refuse d'abolir le principe de haute culture au prétexte qu'une haute culture serait forcément bourgeoise. Pour cela, il distingue deux principes d'égalité : l'égalité fondamentale entre les êtres et l'égalité des savoir-faire. Ainsi, dans une culture commune démocratique respectant l'égalité fondamentale, on trouve des inégalités locales qui sont le reflet de la diversité des individus et de leurs savoir-faire (« *skills* »)[3]. La culture commune consiste en une répartition des savoir-faire des uns et des autres ; il n'y a pas de masse homogène mais des groupes différenciés pris dans des réseaux d'interactions complexes. Il est donc erroné d'attribuer à certains domaines de savoir-faire plus de valeur qu'à d'autres et de voir dans la différence des savoir-faire une inégalité sociale. Plus qu'une erreur, il s'agit d'un automatisme inconscient, ancré dans les habitudes, lequel consiste à interpréter des réalités sociales à travers le prisme de la domination. Williams propose donc un « désapprentissage »[4] de cet automatisme, qu'il appelle le « mode de domination inhérente » (« *inherent dominative mode* »)[5]. Désapprendre consiste, dans le cas cité, à retirer à certains savoir-faire le privilège qui leur est attribué spontanément. Plus largement, il s'agit d'identifier dans le prisme de la domination le lieu où intervient un tel mode de hiérarchisation, pour le neutraliser et lui substituer un mode d'action et de pensée démocratique égalitaire. Ce travail n'est jamais réalisé parfaitement ni une fois pour toutes ; c'est un processus constant qui appartient à l'« entretien » (« *tending* »)[6] nécessaire à toute culture.

Le désapprentissage s'opère au niveau de la conscience individuelle, mais également et surtout dans un projet collectif. Les actions à mettre en œuvre pour construire une culture égalitaire requièrent des agents occupant différentes positions au sein de l'organisation sociale et institutionnelle. Dans une culture commune, la constitution du patrimoine culturel est essentielle. Afin de contrer la tendance à

3. *Ibid.*, p. 318.

4. *Ibid.*, p. 311, 318 et p. 321.

5. *Ibid.*, p. 321.

6. « The idea of a common culture brings together in a particular form of relationship, at once the idea of natural growth and that of its tending », *ibid.*, p. 322 ; « The natural growth and the tending are parts of a mutual process, guaranteed by the fundamental principle of equality of being », *ibid.*, p. 323.

une sélection gouvernée par les rapports de domination de classe[7], Williams invite à constamment corriger cette sélection, pour qu'elle soit réalisée en continu, dans un mode d'auto-correction régulier[8]. Le fait de devoir faire et refaire suppose d'intégrer la correction dans la constitution du patrimoine. Celui-ci n'étant jamais totalement établi, il peut se voir toujours remis en question. À l'issue de cette relecture critique des contenus culturels traditionnels, certaines œuvres jugées patrimoniales peuvent être destituées de leur autorité, d'autres revalorisées. Ces dernières années, le vœu de Williams de porter collectivement une relecture critique de l'histoire de l'art se réalise à travers les expositions de nombreuses institutions d'art moderne et contemporain. Prenons pour exemple trois expositions qui ont eu lieu au Centre Pompidou ces dernières années : *Elles@centrepompidou*[9], *Modernités Plurielles*[10] et *Elles font l'abstraction*[11]. Ces trois expositions ont répondu à la volonté d'offrir un regard critique sur la constitution d'une collection de musée, son rôle dans l'écriture de l'histoire de l'art et sur les apports des théories critiques. Elles réévaluaient et donnaient une visibilité à des artistes autant que des courants artistiques ayant été jugés mineurs, afin de privilégier la pluralité maltraitée par l'histoire monolithique et évolutionniste de l'art. Aussi, ce travail ne peut se faire que collectivement, au niveau de la recherche en histoire de l'art mais aussi des musées et autres acteurs du monde de la culture, ainsi que des acteurs politiques ayant une influence sur les politiques culturelles. Le travail de désapprentissage a donc deux composantes essentielles qui sont deux modes de réflexivité politique : l'une est à engager au niveau des actes de conscience individuels pour que chacun corrige ses propres tendances interprétatives et comportements orientés par les rapports

7. « It is true also that a tradition is always selective, and that there will always be a tendency for this process of selection to be related to and even governed by the interests of the class that is dominant », *ibid.*, p. 307-308.

8. « Any culture, in its whole process, is a selection, an emphasis, a particular tending. The distinction of a culture in common is that the selection is freely and commonly made and remade », *ibid.*, p. 322.

9. C. Morineau (dir.), *Elles@centrepompidou : artistes femmes dans la collection du Musée national d'art moderne, Centre de création industrielle*, Paris, Centre Pompidou, 2009.

10. C. Grenier, (dir.), *Modernités plurielles, 1905-1970 : dans les collections du Musée national d'art moderne*, Paris, Centre Pompidou, 2013.

11. C. Macel, (dir.), *Elles font l'abstraction*, Paris, Centre Pompidou, 2021.

de domination, l'autre relève d'un travail collectif de réécriture du patrimoine culturel passant par les institutions dédiées.

Depuis l'émergence des théories critiques, de nombreux intellectuels, chercheurs universitaires autant qu'acteurs du monde de la culture, s'attachent à désigner tel ou tel ensemble d'œuvres appartenant au patrimoine culturel sur lesquels doit être porté un travail de désapprentissage, c'est-à-dire de réévaluation critique à la lumière d'une réflexivité politique. Rappelons plusieurs textes emblématiques des théories critiques, en ciblant les motifs et les objets pour et sur lesquels un désapprentissage y est convoqué.

La plus célèbre reprise du concept de désapprentissage est celle d'Edouard Saïd dans *L'Orientalisme*[12]. Sa problématique est celle de l'objectivité du savoir à prétention scientifique des pays occidentaux sur l'« Orient », et de la manière dont ce savoir se reflète et se transmet *via* les biens culturels. Saïd estime que cette objectivité est faussée par un rapport de domination, la construction des savoirs scientifiques étant inséparable de l'histoire de la colonisation. Les œuvres d'art jouent ici un rôle crucial puisqu'elles transmettent ces savoirs dans la culture générale et donc au plus grand nombre, les rendant ainsi familiers au point qu'ils apparaissent comme des évidences intuitives. En ce sens, les productions culturelles ne sont pas seulement un reflet de la domination culturelle, mais elles agissent de fait sur le rapport de pouvoir en le renforçant, voire en le légitimant. Saïd s'appuie tout d'abord sur l'exemple de la rencontre de Gustave Flaubert avec Kuchuk Hanem[13], danseuse égyptienne. Flaubert décrit la danseuse comme la femme orientale par excellence, autrement dit le paradigme d'une réalité objective. L'auteur se demande d'où vient la représentation des femmes orientales à laquelle Flaubert se rapporte et par quelle autorité cette représentation s'est imposée au point de passer pour objective. Le fait qu'il s'agisse d'une danseuse produisant une performance pour un public occidental, a contribué à encourager les stéréotypes attendus par l'homme occidental qui la regarde. Saïd estime que cette situation est représentative de l'illusion d'objectivité caractéristique d'un savoir biaisé par un rapport de pouvoir qui est laissé hors champs. Il propose alors une méthode critique pour déceler les représentations qui font autorité mais qui passent pour évidentes et objectives, en se référant

12. E. Saïd, *L'Orientalisme. L'Orient créé par l'Occident* [1978], Paris, Seuil, 1980.

13. *Ibid.*, p. 18.

explicitement au concept de désapprentissage. Les deux principes de cette méthode sont la « localisation stratégique »[14], consistant à « décrire la position de l'auteur d'un texte par rapport au matériau oriental sur lequel il écrit »[15], et la « formation stratégique »[16], qui suppose de lire des textes de disciplines et de sources très diverses, pour voir comment l'autorité acquiert une force par la récurrence et le référencement d'ouvrages divulguant telle ou telle représentation. Il insiste par ailleurs sur le fait qu'il manque une représentation de la femme orientale par elle-même[17].

De nombreux textes féministes mettent en application la méthode qualifiée par Saïd de désapprentissage sans toujours l'appeler par ce nom. L'inégalité entre hommes et femmes dans l'accès à la culture a en effet introduit un doute sur la neutralité de la définition de la création artistique et de l'expérience esthétique. La description de l'expérience esthétique serait-elle différente si les œuvres prises pour objets de ce vécu étaient plus paritaires ? Le concept le plus célèbre pour traduire les biais de genre dans les productions culturelles est le « *male gaze* »[18], que Laura Mulvey a introduit en 1975 et qui fait écho à de nombreux textes antérieurs. Mulvey dénonce le biais de genre dans la représentation des femmes au cinéma, lesquelles sont le plus souvent érotisées. Dans *Une chambre à soi*[19], Virginia Woolf comparait les conditions de vie des femmes à l'époque élisabéthaine décrites dans un livre d'histoire sociale[20], et la représentation des femmes dans des romans de la même période. Elle constatait un grand écart, et surtout des incompatibilités, notamment dans le fait que les écrivains idéalisaient les femmes, leur attribuant des propos éloquents alors qu'en réalité la majorité des femmes n'avait alors

14. E. Saïd, *L'orientalisme*, *op. cit.*, p. 33.

15. *Ibid.*, p. 33.

16. *Ibid.*, p. 33.

17. « C'est *lui* qui parle pour elle et qui la représente », *ibid.*, p. 18.

18. L. Mulvey, « Visual Pleasure and Narrative Cinema », *in* L. Brauy et M. Cohen (eds.), *Film Theory and Criticism : Introductory Readings*, New York, Oxford University Press, 1999, p. 833-844.

19. V. Woolf, *Une chambre à soi* [1929], trad. fr. C. Malraux, Paris, 10-18, 1996.

20. « Je me dirigeai donc vers le rayon où sont rangés les livres d'histoire et pris l'un des plus récents, l'Histoire d'Angleterre, du Pr Treveylan. Une fois de plus, je cherchai "Femmes", trouvai "Situation des" et ouvris la page indiquée : "Battre sa femme, lus-je, était alors pour l'homme un droit reconnu que riches et pauvres exerçaient sans vergogne" », *ibid.*, p. 64-65.

pas accès à la culture[21]. Idéalisées et soumises au regard désirant masculin, les femmes ne sont pas des sujets à part entière, mais des objets de désir. La position de Mulvey est comparable, elle décrit la façon dont la représentation des femmes dans le cinéma est soumise à un regard désirant masculin, et insiste sur l'érotisation des corps des femmes. La question en creux concernant ce *male gaze* est le rôle de ces représentations de femmes passives sur l'inconscient collectif et sur le mode d'être des femmes, y compris aux époques ultérieures toujours nourries de ces représentations. Le concept de *male gaze* concerne aussi le biais de genre, qui peut opérer dans la conception de la création artistique elle-même. La réflexion sur ce type de biais de genre, peu développée dans le texte de Mulvey, a été introduite par Woolf à travers la contestation de la figure du génie[22], et développée par Linda Nochlin[23]. Woolf, puis Nochlin, dénoncent l'idéalisation de la création artistique traduite par la figure du génie et le déni des régimes de discrimination qui empêchent les femmes d'accéder à la reconnaissance institutionnelle. La reconnaissance de l'artiste de génie est en effet tributaire de mécanismes institutionnels. De même, la sélection institutionnelle des œuvres patrimoniales joue un grand rôle dans la manière de définir l'art, sa création, sa réception[24]. Appuyée sur l'exemple des grands artistes et de leurs chefs-d'œuvre, la définition de l'expérience esthétique dépend de cette sélection. Si le canon était changé en son contenu, la description de l'expérience esthétique en serait également transformée. Prenons pour exemple la hiérarchie des médiums artistiques. La majorité des textes de philosophie décrivant l'expérience esthétique d'œuvres d'art visuelles prennent la peinture comme exemple paradigmatique. Or le privilège de la peinture sur les autres médiums a été l'objet d'une réflexion

21. « Vraiment, si la femme n'avait d'existence que dans les œuvres littéraires masculines, on l'imaginerait comme une créature de la plus haute importance […]. Mais il s'agit là de la femme à travers la fiction. En réalité, comme l'a indiqué le Pr Trevelyan, la femme était enfermée, battue et traînée dans sa chambre », *ibid.*, p. 66.

22. *Ibid.*, p. 69-74.

23. Je renvoie au texte emblématique de Nochlin « Pourquoi n'y a-t-il pas eu de grands artistes femmes ? » [1971] dans L. Nochlin, *Femmes, art et pouvoir : et autres essais*, trad. fr. O. Bonis, Nîmes, Jacqueline Chambon, 1993.

24. Une redéfinition féministe du paradigme de la création artistique invitant à déconstruire la figure de l'artiste égocentré, soit le narcissisme créateur, est proposée notamment par Griselda Pollock dans *Differencing the Canon : Feminist Desire and the Writing of Art's Histories*, London-New York, Routledge, 1999.

critique par les historiennes de l'art féministes du fait que la peinture soit assignée à un genre, masculin. Les femmes, à l'époque moderne, ont produit une œuvre plus conséquente et d'une portée considérée aujourd'hui comme radicale dans l'histoire des avant-gardes, dans des médiums autres que la peinture, tels que les arts textiles ou la danse par exemple. Or, la hiérarchie des médiums, faisant de la peinture l'œuvre d'art par excellence, a conduit à invisibiliser ces autres productions. Une relecture critique de l'histoire de l'art par le prisme du genre a donc ici notamment permis de renverser la hiérarchie des valeurs esthétiques assignées aux médiums, ce qu'a montré avec précision l'exposition *Elles font l'abstraction*, au Centre Pompidou[25]. Il est difficile d'imaginer que la description du paradigme de l'expérience esthétique soit inchangée, si l'on prend une peinture ou un corps en mouvement comme œuvre représentative[26].

Les motifs convoqués par les différents auteurs cités sont d'ordre éthique et politique, autant qu'esthétique. Or, de nombreux philosophes contemporains se sont consacrés ces dernières années à défendre l'autonomie de l'esthétique vis-à-vis de ces autres champs, comme nous le verrons par la suite. Analysons donc ce que le principe du désapprentissage peut apporter au débat concernant l'autonomie de l'esthétique et à la définition de l'expérience esthétique elle-même. Dans quel contexte le désapprentissage peut-il être conçu comme un moment de l'expérience esthétique, ceci sans la dénaturer ou l'aliéner, mais en révélant l'une de ses dimensions qui a pu être négligée ? Les références qui suivent nous aideront à penser l'apport du désapprentissage dans la compréhension de l'expérience esthétique.

25. C. Macel (dir.), *Elles font l'abstraction*, *op. cit.*

26. On peut également mentionner les descriptions explicitement genrées, voire sexistes, de la création et/ou de l'expérience esthétique. Je renvoie à : G. Zapperi, *L'artiste est une femme, La modernité de Marcel Duchamp*, Paris, Puf, 2012, p. 43 : « De manière significative, la peinture et les discours contemporains des peintres témoignent souvent d'une agressivité à l'égard de la femme, littéralement identifiée à l'objet pictural. Le ton agressif souvent employé par les peintres a pour effet de rendre visible la nature phallique de l'acte de peindre, ainsi que la signification de la femme en tant qu'objet artistique pour l'artiste masculin. L'idée de la peinture comme relation érotique entre une présence dominante masculine et une toile féminisée est totalement développée avec une certaine violence par Kandinsky dans *Regard sur le passé*, publié en 1913. Dans un passage, il affirme violemment la nécessité d'une confrontation érotique avec la toile, littéralement assimilée au corps féminin que le peintre doit posséder ». Par ailleurs, des textes de philosophie de l'art peuvent également révéler cet arrière-fond genré et sexiste, lorsqu'ils rapprochent l'expérience esthétique d'une extase ou d'une excitation érotique, dans laquelle l'œuvre belle est souvent comparée à la beauté d'une femme, voire d'une jeune fille.

L'EXPÉRIENCE ESTHÉTIQUE REDÉFINIE PAR LE DÉSAPPRENTISSAGE

Dans *Malaise dans l'esthétique*[27], Jacques Rancière dresse le constat d'une situation défavorable à l'esthétique, négligée par la philosophie autant que par la théorie de l'art du fait de sa polysémie jugée confuse. Il voit toutefois dans l'insatisfaction ressentie vis-à-vis du terme d'esthétique, une qualité intrinsèque. Il existe selon lui une contradiction indépassable entre la pensée sur l'art et le sentiment esthétique[28]. Partant de ce principe, il s'octroie la liberté de définir l'esthétique en dehors des lieux communs, principalement sur la question du rapport entre esthétique et politique. Le lieu commun dans ce domaine consiste à faire valoir le principe moderne d'une autonomie de l'art vis-à-vis de finalités politiques. Proposant une lecture critique de l'histoire de l'art moderne en même temps que de la philosophie de l'art, Rancière montre que l'autonomie de l'art est mésinterprétée. Il distingue, pour cela, d'une part ce qui relève de messages politiques explicites diffusés par les œuvres dans leur contenu thématique, d'autre part, la dimension politique intrinsèque à l'œuvre, à sa création autant qu'à sa diffusion et réception par des spectateurs, ce qu'il exprime en ces mots :

> L'art n'est pas politique d'abord par les messages et les sentiments qu'il transmet sur l'ordre du monde. Il n'est pas politique non plus par la manière dont il représente les structures de la société, les conflits ou les idées des groupes sociaux. Il est politique par l'écart même qu'il prend par rapport à ces fonctions, par le type de temps et d'espace qu'il institue, par la manière dont il découpe ce temps et peuple cet espace[29].

Cette distinction de deux dimensions politiques de l'art permet de penser une autonomie de l'art vis-à-vis de contenus politiques, tout en attribuant à cette autonomie une portée politique. Selon lui, en effet, « il n'y a donc pas de conflit entre la pureté de l'art et sa politisation »[30]. L'opposition entre les deux entités – art et politique – est paradoxalement rendue possible par leur alliance, et

27. J. Rancière, *Malaise dans l'esthétique*, Paris, Galilée, 2004.
28. *Ibid.*, p. 22.
29. *Ibid.*, p. 36-37.
30. *Ibid.*, p. 48.

cette contradiction est assumée par Rancière, qui estime que celle-ci est logée « au cœur même de l'expérience et de l'"éducation" esthétique »[31]. La dimension politique de l'art tient donc à sa prise de distance vis-à-vis du politique en tant que sujet thématique, l'enjeu politique majeur de l'art procédant dans « l'écart même qu'il prend par rapport à ces fonctions »[32]. L'autonomie de l'art, ou la « pureté de l'art »[33] consiste en une aptitude de l'art à créer un espace à part, une expérience de « libre jeu esthétique »[34] par laquelle s'opère une reconfiguration particulière du « partage du sensible »[35].

Si le principe de partage du sensible permet d'articuler art et politique, il n'est pas facilement compatible avec l'analyse politique relevant du désapprentissage. Pour Rancière, la dimension politique inhérente à l'esthétique est davantage métapolitique[36] et concerne les œuvres indépendamment de leurs contenus singuliers ; l'expérience de l'œuvre d'art est politique, quel que soit le contenu de l'œuvre. En affirmant que la politique dans l'art ne consiste pas « d'abord » en la transmission de messages spécifiques, sa portée politique dépendant même de l'écart pris vis-à-vis de tels messages, Rancière s'éloigne des pensées critiques qui portent précisément sur ces contenus thématiques et leurs effets sur les comportements. Lorsqu'il décrit ce que « les arts ont en commun avec les entreprises de la domination »[37], il cite « des positions et des mouvements des corps, des fonctions de la parole, des répartitions du visible et de l'invisible »[38]. Il signale un parallélisme, une analogie de structure, sans aborder directement comment ces répartitions, dans l'espace séparé de l'expérience des œuvres d'art, « font effet dans le réel »[39]. Or, c'est bien l'effet produit par l'expérience des œuvres dans le réel qui sert de motif principal

31. J. Rancière, *Malaise dans l'esthétique*, *op. cit.*, p. 50-51.

32. *Ibid.*, p. 36-37.

33. *Ibid.*, p. 48.

34. *Ibid.*, p. 47.

35. *Ibid.*, p. 38.

36. « Il n'y a pas conflit entre pureté et politisation. Mais il faut bien entendre ce que "politisation" signifie. Ce que l'expérience et l'éducation esthétique promettent, *ce n'est pas un secours des formes de l'art à la cause de l'émancipation politique.* C'est une politique qui leur est propre [...] Cette "politique", il faut donc plutôt l'appeler une métapolitique. « (J. Rancière, *Malaise dans l'esthétique*, *op. cit.*, p. 49, je souligne).

37. J. Rancière, *Le partage du sensible, esthétique et politique*, Paris, La Fabrique, 2000, p. 25.

38. *Ibid.*, p. 25.

39. *Ibid.*, p. 63.

aux théories critiques et à la mise en œuvre d'une démarche de désapprentissage. En revanche, le partage métapolitique du sensible et le désapprentissage ont en commun la défense d'un principe d'égalité et de représentativité. En effet, Rancière insiste sur la nécessité d'une redistribution des sujets et des objets membres participant au partage :

> Cette distribution et cette redistribution des places et des identités, ce découpage et ce redécoupage des espaces et des temps, du visible et de l'invisible, du bruit et de la parole constituent ce que j'appelle le partage du sensible. La politique consiste à reconfigurer le partage du sensible qui définit le commun d'une communauté, à y introduire des sujets et des objets nouveaux, à rendre visible ce qui ne l'était pas et à faire entre comme parleurs ceux qui n'étaient perçus que comme animaux bruyants[40].

La répétition désignée comme « distribution » puis « redistribution » montre le caractère d'un travail toujours à refaire. Cette dynamique de répétition et de correction par déplacement constant fait écho au travail d'« entretien »[41] décrit par Williams, pour lequel la communauté sociale doit constamment faire et refaire le patrimoine culturel, dans une dynamique d'inclusion et d'exclusion. Il y a toujours un dedans et un dehors de l'expérience du partage, mais cette limite est continuellement amenée à être déplacée. Rancière évoque ici la nécessité d'une redistribution de la sélection, autant des œuvres que des artistes, participant au partage du sensible. Ce principe d'égalité est le même que celui défendu par Williams. On pourrait de ce fait considérer, contre l'avis de Rancière, que le principe de redistribution du partage du sensible a un effet direct sur le réel et agit en faveur de la « cause de l'émancipation politique »[42]. L'effet politique d'une œuvre, son action en faveur de l'émancipation, ne tient donc pas forcément à son contenu thématique. Autrement dit, l'important n'est pas que l'œuvre ait un contenu politique explicite, défendant de façon littérale des idées en faveur de l'émancipation. L'émancipation se joue dans une distribution et une circulation de la parole et des objets. Dans cette acception, le seul fait de varier de façon équitable qui parle et de quoi on parle active un processus d'émancipation politique.

40. *Ibid.*, p. 38-39.
41. R. Williams, *Culture and Society, 1780-1950*, *op. cit.*, p. 322-323.
42. J. Rancière, *Malaise dans l'esthétique*, *op. cit.*, p. 49. Voir note 33.

Le concept d'artialisation, pensé par Gérard Genette[43], nous permet d'aborder autrement l'importance de la redistribution des sujets et des objets de l'expérience esthétique, ainsi que de son effet sur notre rapport au réel. Appuyons-nous sur le texte « Quelles valeurs esthétiques ? » issu de *Figures IV*[44]. Genette, qui prône pourtant une indépendance des régimes axiologiques esthétique et éthique, y ouvre la porte à des exceptions dont une m'intéresse en particulier. Sa thèse majeure est qu'il faut garantir l'autonomie du jugement esthétique, cette autonomie conduisant selon lui à ce que le jugement esthétique ne soit « *en lui-même* de nature à nuire à personne, individu ou groupe, et ne peut chagriner que son éventuelle intolérance »[45]. L'auteur ajoute qu'une valeur esthétique « ne peut en aucun cas menacer le lien social et la paix d'autrui »[46] en raison de son autonomie. Cependant, il donne aussi des exemples de situations de « contrainte exercée de l'extérieur »[47], dans lesquelles cette autonomie est menacée : la privation de liberté par un régime totalitaire et la pression exercée par le « goût de la majorité »[48]. Intéressons-nous au deuxième cas particulier, où quelque chose se joue entre le jugement individuel et le « goût de la majorité » qui, par son caractère hégémonique, retire à ce jugement sa liberté et son indépendance. Si le « goût » peut faire pression sur mon jugement subjectif, c'est qu'il est doté d'effets puissants qui ont un pouvoir d'action à l'égal d'un comportement. Dans ces conditions, Genette admet que le goût comporte un enjeu éthique.

L'idée d'un jugement esthétique « agissant » est plus développée encore dans le passage qu'il consacre au concept d'artialisation. Genette estime qu'il y a une circulation entre l'appréciation esthétique du réel et son jugement dans le régime artistique. Il renverse l'idée, qui

43. Genette reprend le concept de « révolution copernicienne » du regard développé par A. Roger, *Court traité du paysage*, Paris, Gallimard, 1997, p. 12-14. L'expression désigne le fait que ce ne soit plus le réel qui influence notre rapport à l'art, mais l'inverse. Voir G. Genette, *Figures IV*, Paris, Seuil, 1999, p. 75. Voir aussi A. Roger, « De la possibilité d'une révolution copernicienne en esthétique », dans R. Pietra (dir.), *Esthétique : des goûts et des couleurs*, *Recherches sur la philosophie et le langage* 20, 1998, p. 35-46.

44. G. Genette, *Figures IV*, *op. cit.*, p. 63-86.

45. *Ibid.*, p. 70.

46. *Ibid.*, p. 71.

47. *Ibid.*

48. *Ibid.*

pourrait aller de soi, selon laquelle l'appréciation du réel précède son « artialisation »[49], c'est-à-dire sa représentation ou son évocation dans une œuvre d'art. Il convoque plusieurs auteurs ayant défendu l'idée selon laquelle l'artialisation précède et conditionne la perception du réel. Cette thèse, à laquelle il apportera quelques nuances, est décrite ainsi :

> Mon goût ou dégoût pour cette fleur est lui-même d'origine, non pas personnelle, et encore moins naturelle, mais culturelle, comme déterminé, à travers ma propre culture artistique, par l'évolution et les « révolutions » de l'art auxquelles j'ai été exposé directement ou indirectement : j'aime un paysage à la Corot ou une femme à la Renoir parce que mon goût en fait de paysages ou de silhouettes féminines a été formé soit par la contemplation des toiles de ces peintres, soit par mon imprégnation dans une culture elle-même imprégnée des « valeurs » esthétiques générées par ces tableaux[50].

La nuance apportée ici est le refus d'une causalité stricte et unilatérale, l'auteur proposant plutôt une circularité ou une influence réciproque de la perception du réel et de l'expérience des œuvres d'art. Il estime donc que l'appréciation esthétique n'est pas informée uniquement, mais seulement en partie, « par une culture artistique directe et personnelle, ou indirecte et socialement diffuse »[51]. La question qu'il souligne d'une antériorité – même partielle – de l'artialisation sur le jugement esthétique du réel, rappelle l'idée de Rancière selon laquelle l'esthétique consiste en l'ouverture d'un nouvel espace de sensibilité. Aimer, c'est aussi dans le même temps accorder une attention spécifique à quelque chose. Le jugement esthétique influence la perception même du réel. Reprenons l'un des exemples donnés par Genette et admettons que notre perception des femmes est partiellement conditionnée par notre expérience antérieure – directe ou indirecte – des œuvres d'artistes canoniques tels que Auguste Renoir. Dans ce cas, il se produit la situation décrite par Mulvey, à savoir que notre perception autant que notre appréciation des femmes sont dépendantes du *male gaze*, donc de l'érotisation du

49. L'artialisation désigne ce qui est « modifié par l'art, soit *in situ*, par l'art du jardinage, du maquillage ou de la mode, soit *in visu*, par l'influence des peintres ou des sculpteurs qui ont modifié notre vision de ces objets », *ibid.*, p. 76.

50. *Ibid.*, p. 76.

51. *Ibid.*, p. 77.

corps féminin. Nous sommes habitués à voir et à « trouver belle » la femme sous le prisme du *male gaze* parce que cette modalité de regard est dominante dans l'histoire de l'art, ce qui s'inscrit dans le cadre plus large d'une domination patriarcale que le canon artistique porte en lui. Peut-on dire, en reprenant les mots de Genette, que l'érotisation spontanée des corps des femmes, dérivant de l'habitude formée par l'influence des représentations sexistes canoniques diffusées par les œuvres patrimoniales, relève d'une pression extérieure, à la manière du « goût de la majorité » ? Genette cible là de façon précise le paradoxe de l'autonomie du jugement esthétique. Si toute appréciation esthétique du réel est influencée par son artialisation antérieure, la liberté de jugement s'exerce lorsqu'une distance peut être prise à l'égard de l'influence de l'environnement culturel. La subtilité réside alors dans la distinction à établir entre une influence culturelle préservant la liberté du jugement subjectif et une pression qui annihile cette liberté. La position de Mulvey est que le *male gaze* aliène le jugement, toutefois, il n'est pas question d'opposer le goût de la majorité à la liberté individuelle. L'aliénation n'est pas générée par la dimension collective, mais par le caractère irréfléchi de l'adoption par le sujet d'une norme de goût majoritaire. L'opposition concerne bien plutôt l'absence d'une pluralité de points de vue, et le caractère automatique de la répétition du jugement stéréotypé. La méthode de désapprentissage doit permettre l'introduction d'une pluralité de regards et d'une distance critique, entraînant une rupture du mécanisme de répétition automatique.

Loin d'opposer le jugement collectif au jugement individuel, insistons au contraire sur la nécessité de considérer le désapprentissage comme un processus collectif. Le principe d'égalité était en effet le moteur premier de la réflexion de Williams, dont le but était de constituer une culture commune. Le principe de redistribution du partage du sensible de Rancière prolonge et amplifie l'appel de Williams à prendre en compte la dimension collective de l'expérience esthétique. Rappelons que l'inscription du désapprentissage dans la structure essentielle de l'expérience esthétique oblige précisément à considérer celle-ci du point de vue du collectif. En effet, un désapprentissage ne peut être mené uniquement par des personnes isolées, constituant leur propre canon alternatif à une tradition dominante qu'elles jugent partiale et perfectible. Il suppose au contraire de s'appuyer sur des dynamiques collectives. Les musées d'art moderne et contemporain qui participent à cette réflexion critique sont de plus en plus nombreux. Cette relecture critique de l'histoire, qui amène à intégrer de nouvelles figures et œuvres essentielles dans le canon, propose un nouveau partage du sensible, et participe à ce que Williams appelait « l'entretien » de la culture commune. Introduire la réflexivité politique à l'intérieur de l'expérience esthétique rappelle que l'expérience d'une œuvre d'art n'est jamais isolée. Elle est portée par un écosystème culturel, auquel participent des commissaires d'expositions, des directeurs de musées et de nombreux acteurs des politiques culturelles [52]. Dans ce contexte, celui d'une activité réflexive collective portée sur les œuvres d'art et leur expérience, le concept de « majorité » a un sens tout autre que celui fustigé par Genette, car il ne représente plus l'idéologie ambiante ou l'hégémonie dominante. La différence intervient au niveau des dimensions réflexive et critique qui animent ces recherches, qui préservent la liberté des sujets. Dans ce cas, la liberté du jugement subjectif doit être articulée à la reconnaissance de la dépendance de l'individu vis-à-vis d'une pluralité d'acteurs. L'impossibilité de se reposer strictement sur les ressources subjectives accessibles à l'échelle individuelle n'est pas le signe d'une sortie hors du régime de l'expérience, mais traduit plutôt un régime particulier de l'esthétique, relevant du « commun » ou encore du « partage ». Cependant, la position à laquelle invitent les théories critiques n'est pas d'imposer que les œuvres d'art se soumettent à un principe de moralité, une œuvre devant forcément présenter une représentation jugée éthique des femmes par exemple. Leur revendication concerne bien plus la nécessité de donner voix et visibilité à une diversité d'objets et de sujets, pour désamorcer les effets de goût dominant et éviter que le caractère hégémonique d'une norme de représentation lui confère une illusion de naturalité qui invisibilise son caractère relatif et situé. Le désapprentissage intervient précisément à l'endroit

52. À propos de l'exposition *Modernités Plurielles*, Catherine Grenier écrit : « Le travail des historiens, comme celui des sciences humaines, nous ont fait prendre conscience de la dimension politique de l'écriture de l'histoire de l'art, et de l'étroite solidarité de celle-ci avec l'écriture de l'histoire ». Voir C. Grenier (dir.), *Modernités plurielles, 1905-1970 : dans les collections du Musée national d'art moderne*, Paris, Centre Pompidou, 2013, p. 16. Elle précise par ailleurs le rôle spécifique du musée dans cette action collective : « Dans l'enceinte du musée, la relecture de l'histoire de l'art passe ainsi par la relecture de cette mémoire collective qu'est la collection, et des différentes étapes et des aléas de sa constitution », *ibid.*, p. 19.

de ce goût hégémonique, pour le soumettre à une analyse critique. À travers ce processus, le jugement esthétique subjectif regagne son autonomie et peut se déployer.

CONCLUSION

Loin de la notion d'« œil sauvage »[53] chère aux surréalistes, le désapprentissage est une composante informée de l'expérience esthétique, laquelle est enrichie par une connaissance issue de recherches pluridisciplinaires. Inspirons-nous pour conclure de la description faite par Jean-Marie Schaeffer de l'expérience esthétique[54] et de son apprentissage. Le trait le plus caractéristique de cette expérience est, selon Schaeffer, la capacité de développer une attention[55]. Or nous explique-t-il, ce régime attentionnel spécifique, distinct de l'attention commune, peut s'apprendre. Cette expertise relève à la fois de l'acquisition d'un savoir et de la répétition de l'expérience, par une gymnastique répétant les mécanismes attentionnels typiques de l'expérience esthétique. Prenant l'exemple d'une toile de Cy Twombly[56], Schaeffer estime que son spectateur gagne à connaître au préalable cet artiste et son style caractéristique, pour gagner en capacité de distinction de détails spécifiques. S'il ne fait pas intervenir de considération politique dans cette description, nous pouvons, sur la base de cette définition, étendre sa pensée et suggérer que le désapprentissage fasse partie intégrante de l'expérience esthétique et soit l'objet d'un apprentissage. Une gymnastique attentionnelle propre se mettra en place, identifiant les contenus au caractère hégémonique et portant sur eux un regard critique. De la même manière que l'expérience peut se nourrir de l'acquisition de connaissances sur l'artiste et l'histoire de l'art, le désapprentissage

53. A. Breton, *Le surréalisme et la peinture*, Paris, Gallimard, 2002.

54. J.-M. Schaeffer, *L'expérience esthétique*, Paris, Gallimard, 2015.

55. « S'engager dans une expérience esthétique équivaut donc à adopter un style attentionnel particulier, à savoir le style divergent », *ibid.*, p. 104.

56. « Mais supposons maintenant que "Twombly" ne soit pas pour vous un simple nom propre "vide", mais qu'il réfère à un ensemble de caractéristiques stylistiques particulières. Dans ce cas vous aurez sans doute approché cette grande surface gribouillée avec des attentes plus précises […] Ces attentes vous amèneront dans un deuxième moment à redescendre vers de niveaux de traitement perceptifs plus bas », *ibid.*, p. 85.

suppose de se nourrir d'autres disciplines. La méthode fondée par Saïd devient ainsi un élément essentiel de l'expérience esthétique et de son apprentissage. Il s'agit d'opérer, même à petite échelle, un processus de « localisation stratégique »[57] consistant à se demander d'où viennent les représentations et leur autorité, et de se plier à une « formation stratégique »[58], développant une culture générale nourrie de connaissances interdisciplinaires. Comme l'écrit Genette dans *L'œuvre de l'art*[59], l'histoire qui porte les œuvres d'art « ne cesse de modifier l'horizon de leur perception »[60]. Cette double recherche permettrait à l'expérience esthétique de gagner en finesse de perception, autant que d'analyse et de compréhension. Il conviendrait donc de fixer dans la définition de l'expérience esthétique cette capacité spécifique à regarder autrement, à la lumière de connaissances multiples éclairant le contexte historique de l'œuvre et de son expérience. De cette façon, le vœu de Williams, qui appelait à un entretien constant de l'héritage culturel dont les contours seraient définis en continu et de façon collective, se réaliserait en partie. Un tel engagement collectif devrait être mis en œuvre de façon organisée, institutionnelle, prenant appui sur le déploiement de moyens conséquents observé depuis une dizaine d'années, dans les milieux universitaires et dans certaines grandes institutions qui se prêtent à une révision conséquente du canon. Il serait bénéfique à cette entreprise de désapprentissage que des analyses philosophiques y participent, notamment à travers une description toujours plus fine de l'activité critique à l'œuvre dans l'expérience esthétique.

57. E. Saïd, *L'orientalisme*, *op. cit.*, p. 33.
58. *Ibid.*, p. 33.
59. G. Genette, *L'œuvre de l'art, II : La relation esthétique*, Paris, Seuil, 1997.
60. *Ibid.*, p. 58.

Contributeurs & Contributrices

LOUISE BOUVET est étudiante en esthétique et études cinématographiques, en préparation de thèse. Elle est diplômée d'un master en esthétique et philosophie de l'art de Sorbonne Université et d'un master en études théâtrales de l'Université Sorbonne-Nouvelle. Ses travaux portent sur les liens entre cinéma et phénoménologie, et les enjeux esthétiques des théories féministes du cinéma. Conférencière au sein d'une collection privée d'art contemporain, elle traduit actuellement les textes théoriques de Alison Butler (*Women's Cinema : The Contested Screen*) et Mary Ann Doane (*The Emergence of Cinematic Time*).

THEODORA DOMENECH est docteure en philosophie, spécialisée en phénoménologie. Elle enseigne la théorie de l'art et des médias à l'École Supérieure d'Art et de Design, Grenoble-Valence.

LISA JONES est *Senior Lecturer* à l'Université de Saint Andrews, en Écosse. Elle travaille dans le domaine de la philosophie esthétique et de la philosophie de l'art, avec un intérêt particulier pour la littérature, les formes de narration et la fiction. Elle a publié des articles sur la fiction et la narration, sur le geste d'appropriation en art et sur l'ontologie de l'art. Récemment, son intérêt philosophique pour la fiction, combiné avec sa fascination pour le catch, l'a conduite à faire des recherches sur le catch comme un phénomène esthétique et, possiblement, artistique.

PIERRE LEVEAU est docteur en philosophie et partenaire associé aux recherches du Centre Gilles Gaston Granger (UMR 7304). Professeur agrégé de philosophie dans le secondaire, il a soutenu en 2012 une thèse de doctorat à Aix-Marseille Université sur l'épistémologie de la conservation et de la restauration du patrimoine culturel matériel (ED 356). Il a publié en 2017 la partie historique de ce travail aux Presses universitaires de Dijon (*L'institution de la conservation du patrimoine culturel dans l'Entre-Deux-Guerres*) et poursuit actuellement ses recherches dans une série d'articles sur la métaphysique et la sémiotique de la conservation-restauration. Il a co-dirigé en 2018 le n°21 de la *Nouvelle revue d'esthétique* sur le patrimoine et s'intéresse depuis à l'héritage sémiotique de C. Pierce et au paradigme indiciaire de C. Ginzburg. Son article sur la restauration de Saint-Anne de Léonard de Vinci, publié en 2021, est le premier d'un triptyque qu'il consacre au peintre italien ; le deuxième, publié dans ce numéro de la revue *Piste*, est consacré à *La Joconde* ; le troisième portera sur le *Saint Jean-Baptiste* et la théorie des indices.

STEPHANE LLERES est agrégé et docteur en philosophie, professeur en CPGE et chargé de cours à l'Université de Picardie Jules Verne. Il est l'auteur des ouvrages *Kant en schémas* (Ellipses, 2023) et *La Philosophie transcendantale de Gilles Deleuze* (L'Harmattan, 2011). Entre autres articles, il a récemment publié trois textes dans la revue *Implications Philosophiques :* « *Westworld.* Politique de la Série télévisée », » Croyance et Immanence dans la philosophie de Gilles Deleuze », et « De l'individuation à la stratification. Sur le passage à la politique de Gilles Deleuze ».

MARIANNE MASSIN est professeure émérite d'esthétique et de philosophie de l'art et membre du Centre Victor Basch, UR 3552 Sorbonne-Université (centre de recherches en philosophie de l'art). Entre autres ouvrages, elle a publié *Les Figures du ravissement. Enjeux philosophiques et esthétiques*, Grasset 2001 ; *La Pensée vive. Essai sur l'inspiration philosophique*, Armand Colin, 2007 ; *Expérience esthétique et art contemporain*, PUR, 2013. Elle a également dirigé deux ouvrages collectifs pour Ambronay Editions, *Transe, Ravissement, Extase*, 2014, *Célébrer/ profaner. Dynamiques de l'écoute et de la création musicale*, 2016, et co-dirigé *La Valeur de l'émotion musicale*, PUR, 2017. Son travail porte sur les états de (dé)possession ;

l'expérience esthétique ; les interactions entre les arts (notamment arts plastiques, littérature et musique).

THOMAS MERCIER-BELLEVUE est normalien, agrégé et docteur en philosophie. En 2023 il a soutenu, sous la direction de Marianne Massin (Sorbonne Université – Centre Victor Basch), une thèse intitulée *À l'écoute du mainstream. Pour une philosophie des musiques consensuelles.* Après avoir été ATER en esthétique et philosophie de l'art à Sorbonne Université, il enseigne actuellement en lycée dans l'académie de Lille. Il poursuit ses recherches sur l'écoute des musiques populaires, et plus particulièrement sur l'expérience de la fête. Il travaille également sur l'œuvre du philosophe américain Arthur C. Danto. Son dernier article en date, intitulé « Lisibilité et audibilité : le *mainstream* comme musique accessible », a paru en 2024 dans le n° 177 des *Cahiers philosophiques.*

THOMAS MORISSET est maître de conférences en philosophie à l'Université Côte d'Azur et membre du Centre de Recherches en Histoire des Idées. Ayant d'abord consacré ses recherches doctorales à la beauté des jeux vidéo, il s'intéresse plus largement à l'articulation de l'esthétique et du technique dans les arts, les savoir-faire et les jeux. Un livre issu de sa thèse, *Du beau jeu. Esthétique, technique et jeux vidéo* a paru aux Presses Universitaires de Rennes au début de l'année 2024.

FLEUR THAURY est docteure en Langues et littératures romanes et Philosophie de l'art et esthétique (laboratoire CECILLE, Université de Lille et Centre Victor Basch, Sorbonne Université), après avoir soutenu sa thèse intitulée *De la discordance temporelle à l'irrésolution : le temps en crise dans les manifestes du Futurisme italien* (*1909-1944*), sous la direction de M. Jean-Philippe Bareil (Professeur, Université de Lille) en co-direction avec Mme Marianne Massin (Professeure, Sorbonne Université) en mai 2022. Elle enseigne actuellement la philosophie au lycée tout en travaillant à l'édition critique à paraître de *La Découverte australe par un Homme-volant ou le Dédale français* (1781) de Rétif de la Bretonne (dir. L. Loty avec A.-R. Morel, J. Bouvery, F. Thaury et A. Chapel, Paris, Champion). Ses recherches portent sur les expériences de crise et les modalités de leurs représentations, particulièrement les crises du temps.

ANNA MARIA SIENICKA est doctorante en philosophie à l'université de Bourgogne, sous la direction de Pierre Ancet. Elle travaille sur les représentations, entre art et médecine, des corps « monstrueux ». Ses sujets de prédilection sont l'histoire de la tératologie, la perception du handicap ainsi que le récit de soi. Ses derniers travaux portent sur l'incarnation d'un imaginaire monstrueux dans la photographie de Joel-Peter Witkin et le dialogue entre *freak show* et mise en scène du handicap dans les pratiques théâtrales contemporaines. Elle a récemment organisé un atelier de recherche, avec Giulia Lelli, sur le rôle de l'imaginaire dans la relation aux « monstres » et aux morts.

Table des matières

Achevé d'imprimer en novembre 2024
sur les presses de
La Manufacture - Imprimeur – 52200 Langres
N° imprimeur 240904 – Dépôt légal : décembre 2024
Imprimé en France